图解 精益制造 026

# TOC 工厂管理

## 米国製造業復活の秘密兵器
## TOC革命─制約条件の理論

［日］稻垣公夫 著　　刘波 译

人民东方出版传媒
People's Oriental Publishing & Media

东方出版社
The Oriental Press

# 目　录
# Contents

第 **1** 章

## 凭借 TOC 破茧重生的企业
——一个奇迹般的改善故事

I

第 **2** 章

# TOC 是什么

## ——TOC 的形成历史

第 **3** 章

# TOC 的生产改善手法

**III**

第 **4** 章

# TOC 的有效产出会计

V

第 **5** 章

# TOC 的思维流程

**VI**

# 推荐语

　　供应链管理和追求整体最优化是在激烈竞争时代胜出的必备条件。其中，企业的目标是什么？与之相联系的生产效率是什么？具体的推进方式如何实施？评价指标应如何设定？TOC以有效产出（销售收入-材料费）作为目标，将其制约因素作为切入点，基于整体最优，从理论层面很好地揭示了这个问题，即为人们提供了一套以整体最优为出发点，具有更广泛意义的全新生产改善指标。

　　本书以TOC的创始人——高德拉特博士推出的在美国风靡一时的企业经管类小说《目标》和《绝不是靠运气》为蓝本进行构思，并对TOC的思维方式进行了系统改编，赋予其更具日本特色的表现形式，使阅读者读起来轻松易懂，让人不得不对作者——稻垣公夫的洞察力、创造力和行文能力产生由衷的敬意。

不仅是在实际业务方面，在学术方面，在日本广受热议的排程法（OPT），TOC也对其进行了改善、改革思维的延伸和发展，我自己也很关注这一方面。然而，这里面的具体内容正作为要求项目准备纳入QS9000供应链标准，所以在日本暂时只能看到一部分的信息，可以说还没有揭开真正的面纱。从这层意义上来说，本书的出版恰逢其时。

尽管CALS/EC技术一直在加大宣传力度，但基本上，如果不是站在整体最优的角度去变革工作方式，就没有任何意义。在生产改善的领域里，与凭借异常的显现化，不断地进行改善的JIT有相通的地方，但TOC更加具体，并能在更广泛的范畴内应用，特别是在容易陷入局部最优的企业活动中，提供横向的，更加具象化的视角。这本书要特别推荐给企业经营者、工厂职能部门人员，以及推进TPM、TQM、TP管理的人员，我们坚信，会带给您一种恍然大悟的感觉。

**东京工业大学教授　园川隆夫**

TOC：Theory of Constraints（制约条件理论）
OPT：Optimized Production Technology（最优生产技术）

# 前　言

## 回顾美国制造业

近年来，不禁有一种感觉，美国的制造业正一点点地恢复自信，最近在波士顿召开的一个与产品开发相关的研讨会上，主办方的一名人员，做了如下致辞。

"20 世纪 50 年代至 60 年代曾经是美国制造业最兴盛和繁荣的时期。当时，美国制造在世界上稳居第一，企业生产出来的产品从来不愁销路。经营者关心的问题只有一个，那就是能否制造出更多的产品，也就是产量。然而，进入 70 年代，日本企业几乎以令人难以置信的速度，带着高质量的产品闯入了美国市场，使得美国的制造业被打了个措手不及，于是拼命地提高质量，希望能赶超日本，这种态势一直持续到 80 年代。到了 90 年代，美国制造业面临的课题变成了'生产什么'。仅凭借质量，是开辟不出新的市场的，至此，美国企业再次迎来了引以为傲的创造型的商品策划、设计和市场营销的时代。当然，即使缩短 Time to Market（产品开发过程周期时间），也并不能令企业在竞争中胜出。在减少了开发流程中的浪费时间后，接下来，能够辨明到底应该开发什么样的产品，这一能力就变得非常重要了。"

正如这篇致辞中谈到的，在美国制造业重生的背景中，能让创造型人才活跃起来的高科技产品的研制与开发做出了巨大的贡献。对此，美国制造业在生产领域也在吸收日本企业奉行的品质管理、小集团活动、精益生产方式等。但是，这种对日本企业的追逐战并不是美国企业推动的生产制造活动的全部，美国企业的生产改善活动还有其独特创新的地方，这其中之一就是"TOC"。

## 在 APICS 年度大会上

1996 年 10 月，APICS（美国生产、库存管理协会）年度大会在路易斯安那州新奥尔良隆重召开。APICS 是自 20 世纪 60 年代，在全世界普及 MRP（物料需求计划）以来，不仅在美国，对全世界范围内的生产管理业务人员都产生了巨大影响的权威机构。因此，有来自美国各地的 6000 多人参加了这次年度大会，而一同举办的生产管理软件展会，是同类型展会中的最大规模。

但是，在听过这届 APICS 年度大会的演讲后，大家能够感受到美国的生产管理领域正在发生一场巨大的变革。长达 30 年，一直占据大会核心议题的 MRP，其光环迅速褪去，制约管理或 TOC 等之前闻所未闻的关键词取而代之成为演讲内容的新宠，而且这些演讲会的现场常常座无虚席，颇受欢迎。其中，TOC 的创始人艾利·高德拉特博士发表的演讲安排在一个能容纳近 500 人的大会议室，前来参加的人们蜂拥而至，场面盛况空前。显而易见，TOC 在当今美国的生产管理人员中受到了极大的关注。

### TOC 是美国制造业的秘密武器？

TOC（Theory of Constraints，制约条件理论）是以色列物理学家艾利·高德拉特博士花了 20 年的时间开创的手法。TOC 由两个不同的要素构成：一个是以生产日程安排为核心的"生产改善方法"；另一个是被称为以引起变化为目的的"思考过程"——问题分析和问题解决工具。这些方法虽然非常有效，并能带来巨大的改善，但现阶段，仅仅是在像 APICS 这样的专家机构里备受推崇。

然而，TOC 今后很有可能在美国制造业被迅速推广，这样一来，它将毋庸置疑地成为美国制造业的秘密武器。但在日本，TOC 仍然鲜为人知，原因之一是，在世界范围内推广 TOC 的畅销小说《目标》，其日文版还没有推出。而在美国，即使有人没听说过 TOC 一词，人们大多也都读过《目标》一书。所以，认识 TOC，对今后的日本企业来说很重要。

据笔者所知，现在还没有与 TOC 有关的日文版著作。因此，将这一新理论引进日本是笔者撰写本书的出发点。本书将分别对构成 TOC 的两大要素——生产改善方法和思维流程

**005**

进行具体说明，同时重点围绕生产改善方法进行阐述。如果要对思维流程做充分的介绍，至少还需要一本书的篇幅，因此本书对这部分仅做概要性的说明。

## TOC 与日本企业

TOC 真的是一种对日本企业有用的方法吗？笔者的回答是"YES"。如果用一句话来概括，TOC 就是"为实现整体最优而聚焦的方法"。日本人最大的长处是关注细节，并专注于每一项工作的处理。但要在这一长处的背后，看清系统的整体，应该集中在哪一个部分，思考如何实现全局最优，恐怕就不是我们的强项了。如果读者通过阅读本书，对 TOC 产生一丝兴趣，并将其中的一部分运用在企业的生产改善活动中，对笔者来说将是莫大的欣慰。

1997 年 4 月
稻垣公夫

# 第 **1** 章

# 凭借 TOC
# 破茧重生的企业

*——一个奇迹般的改善故事*

　　TOC 是一种包括各种要素的企业经营改善手法，因此，与其直接对各个要素进行详细的介绍，不如通过本章的小故事，首先让读者了解 TOC 的全貌，然后进行具体阐述的方式或许更易于理解。故事发生在一家名叫 QP 工业的生产企业，这个生产改善故事纯属虚构，目的是让读者更好地理解TOC，融入主要要素并简单化的一个故事情节。故事将通过以下三人互问互答的方式揭开 TOC 的"思维方式"。

　　登场人物：

　　A：QP 工业的第二任社长

　　B：A 社长大学时代的好友，S 大学的教授

　　D：QP 工业的制造部部长

## ● A社长的烦恼

十年前，A从电路板生产企业——QP工业的社长，也就是A的父亲手中，接过家族企业的管理大权后，就将全部心血投入这家企业的经营管理上。经过几年的辛苦努力，这家企业的年销售额达3亿日元，员工人数增加到30人，与十年前相比，企业规模扩大了一倍以上。但是，最近A却是愁容满面。

A的烦恼是在日趋激烈的市场竞争下，企业盈利越来越难。事实上，早在五年前，受日本泡沫经济崩溃的影响，QP工业的销售收入曾经急剧下滑，一度面临严重的赤字危机，濒临破产之际，根据担任技术部部长的F提出的一个建议，采用一种新材料和技术研发了一款超细图面的电路板。这款新产品一经推出，立刻得到客户的认可，使企业销售额重新恢复到原先水平，从而避免了一场经营危机。

当初让QP工业独占市场鳌头的这一新型电路板，最近遇到了竞争对手。QP工业本来在制造工艺上拥有独特的核心技术，是无法被模仿的，因此并没有把对方放在眼里。但是，其他企业经过苦心钻研，居然成功地破解了这个秘密。现在，QP工业只能以比两年前低30%的价格，接客户的订单。

更糟糕的事情是，尽管QP工业的技术能力在业界口碑一直很好，但与竞争对手相比，产品交付能力却不能让客户满意。而最近，合作客户中的电子生产厂商，似乎因为没有明星产品，而不得不研制新的产品。新产品的试制与投产，都

需要在非常短的时间内拿到材料和零部件，然而 QP 工业却常
常无法按期交货，结果，很多订单都被竞争对手抢走了。

## ● B 教授到访

正在这时，A 的大学同学——S 大学的 B 教授突然到访。
B 是一位经营工科的教授，同时兼任几家企业的咨询顾问。虽
然此前 QP 工业从来没有向他寻求过指导性建议，但他是 A
的好友，有时，B 会在傍晚时分突然来访，与 A 畅所欲言，
并一起喝酒聊天，这样的见面一年中总有几次。这次也不例
外，当 B 走进社长室后，两人便聊了起来。

B："怎么了？一副心事重重的样子。因为工作的事吗？"

A："没什么。会社最近业绩不太理想，产品价格一降再
降，销量还是上不去，面临双重压力。这半年每个月都在
亏损!"

B："五年前你们也发生过亏损，当时是靠新产品挺过去
的吧？"

A："嗯，当时情况还算不错。但这次……没什么革新性
的新产品，前景堪忧。我找会计师商量了，结论是如果再不
裁员，以后可就不好说了。"

## ● 企业的目标是什么

听到这里，B 不慌不忙地转开话题问道。

B："你们企业的目标是什么？你知道吗？"

**005**

A："你问这个干吗？让我想想……我的目标就是让企业上市，公开发行股票，赚很多钱。然后退休。"

B："那么，你认为要实现这一点，必须怎么做？"

A："当然是企业要盈利啊！"

B："对啊，因为是盈利企业，从现在到将来都要持续地赚钱，这就是你的企业存在的理由，对吧？"

A："当然。怎么，难道经营工科就教你了这点东西？"

由于近来企业经营状况不佳，A 显然心情不好。B 没理会他，继续慢慢地说道：

B："没错。但是，假设在这种人们都认为理所当然的观点的基础上，出现一种与传统企业经营模式截然相反的新模式，你会怎么办？"

A："我不信！不过说实话，现在哪怕还有一根救命稻草，我也会拼命抓住。你有什么帮助企业盈利的办法吗？"


● **盈利机制是什么**

B 接着说道。

B："你知道什么是盈利吗？"

A："盈利就是获取利润。"

B："没错！那么，如何让企业提高盈利能力，你说说看。"

A："盈利是指销售额减去经营支出所得的金额，因此，若想让企业提高盈利能力，要增加销售收入，或者降低运营

成本，这是众所周知的道理，所以，我才想方设法一面努力
增加销售额收入，一面让会计师尽可能梳理出所有有可能降
低运营成本的环节。"

尽管 A 显得焦虑不安，B 还是耐心地说道。

B："其实，所谓盈利，是指增加有效产出，同时减少总
投资和费用，这一点你知道吗？"

A："有效产出？这个词没听过。"

B："有效产出是指企业通过销售产品收回的资金，即销
售额收入减去材料费，拿你的企业来说，就是销售电路板的
收入减去消耗的各种材料成本。"

A："那么，总投资是指我们厂的设备投资，对吗？"

B："不对。总投资是指销售一种产品所需的全部费用。
除了设备，还包括材料和在制品库存。"

A："那么，运营费用是指所有支出的钱，对吗？"

B："没错。材料费是计算有效产出时，从销售额收入中
扣除的部分。但是，不论有没有销售收入，人工成本和各项
运营费用都是必需的，所以这两项应计入运营费用。现在我
说的运营费用指的是固定成本。"

A："也就是说，即使销售收入为零，也必须支出的
费用？"

B："正确。"

尽管 A 还不知道这一问一答到底要到什么时候才有明确
的结论，但他已经渐渐地被 B 的话所吸引。

B："好，既然有效产出等于销售收入减去材料费。那么，

再进一步从有效产出中减去运营费用，剩余的部分就是利润。"

A："没错，但是投资怎么办？"

B："对了，还有总投资。利润与总投资的比率等于投资利润率。这个数值表示你的企业在某个项目上投资的金额到底赚了多少钱。如果该值低于银行定期存款的利率，那你还不如关掉企业，把钱存在银行更划算。"

A："现在我们企业已经出现了亏损，关掉它说不定是上策。"

B继续说道。

B："所以，现在当务之急是增加有效产出，减少总投资和运营费用。但是，你知道这三件事情的重要程度应该怎么排序吗？"

A："要说哪个重要，我认为都重要。不过，会计师一再强调'减少运营费用是企业经营的基础'，所以，运营费用可能最重要？"

B："那么，你知道企业怎样减少运营费用吗？裁员，还是削减不必要的经营费用？"

A："裁员恐怕做不到。从家父那一代就一直在厂里上班的老员工很多，我有责任照顾他们。而且，像我们这种中小企业浪费现象不严重，所以才委托会计师鸡蛋里挑骨头，从运营费用的细枝末节中寻找可削减的突破点。"

B："这样的话，那就应该把增加有效产出放在第一位。从理论上讲：只有有效产出可能无限增长，运营费用和投资可以降低，但是不能降到零以下。"

A："这一点谁都知道，但我现在最着急的是销售额上不去。不过，为什么你说增加有效产出是销售收入减去材料费后剩下的部分，而不是销售收入？这两个难道不一样吗？销售收入减去包含材料费在内的总运营成本后剩下的部分同样是利润，不对吗？"

B："这个问题问得好。实际上，有效产出在财务术语上被称为贡献利润。为什么？因为企业每卖出一个产品，该产品的单价减去材料成本后剩余的部分，就是利润增加的部分，即在利润上有所贡献。我所说的运营费用是固定成本，而这一项与销售收入增加或减少都没有关系。所以，将贡献利润全部累计相加，再扣除运营费用，剩下的部分就是企业整体利润。"

A："明白！但是，你说的都是常识，对我没什么帮助。"

聊到这儿，本来对 B 的话抱有一丝希望的 A，发现听来听去只是一些一般性见地，不免有些失望。B 注意到了他情绪上的细微变化，连忙补充了一句。

B："别着急，马上就要言归正传了。至少你现在明白有效产出每增加 1000 日元，利润就增加 1000 日元。所以，只要考虑怎样增加有效产出就行了。"

● **有效产出的制约因素是什么**

说着，B 端起桌上的咖啡喝了一小口，停顿了一下又说。

B："你知道影响你们企业增加有效产出的制约因素是什么吗？"

A："制约因素……是销售量上不去的原因吗？"

B："是，销量为什么上不去，是客户不需要电路板了吗？"

A："不是，电路板的市场需求没有减少。我们的这款产品本来很赚钱，但现在竞争对手也生产出了这一款产品，所以售价怎么也上不去，而且订单经常被对手抢走。虽然我们企业的技术口碑都不错，但常常被抱怨不能按期交货。客户方的工程师希望使用我们的产品，但他们的制造部门却非常不满。"

B："明白了，市场就是制约因素，也就是说，只要缩短交货期，降低售价，就能增加有效产出？"

A："当然！所以，只有减少运营费用，降低售价，企业才能盈利，不是吗？"

B："嗯，你想说的是：产品不降价就卖不出去，但如果降价就会导致亏损，所以只有减少运营费用，才可能降价，企业才会盈利，销售收入也会随之增加，是这个逻辑吧？"

A："什么逻辑不逻辑的，这是常识！"

B："但是，如果为了减少运营费用而裁员，即使有订单也不能应对了吧？这样一来，产品的交付比现在还要延迟，导致的结果就是，即使降低了价格，订单也会减少，情况只会越来越糟，不是吗？"

**010**

A："那你有什么更好的办法？我不是大学教授，大脑没
你转得快。"

B 一面苦笑，一面继续说下去。

B："好吧，你刚才说制约因素来自市场，也就是说，与
现在相比，只要产品交货期提前，价格降低，就能增加销售
收入。那么，假设以现有的人员和设备，在不加班的条件下，
如果能进一步提高生产能力，即使降价，只要有效产出增加，
即只要售价高于材料费，企业盈利就能增加，对吗？"

A："但现在的问题是，客户提出，如果我们现在的报价
高于竞争对手的报价，就不考虑购买我们的产品。但是，我
们财务经过核算后发现客户期望的价格比标准成本还低，卖
得越多，损失就越大。"

B："对，问题就出在这里！你说的标准成本，除了按每
一件产品计算的材料费，还包含了固定成本，即我说的运营
费用开销。或许，你们会计算生产一件产品所需的直接作业
时间，然后将计算的结果乘以负荷，负荷就等于总固定成本
除以设想的总直接作业时间。"

A："我们是这么计算的，不过，标准成本制度就是这么
规定的吧。"

B："其实这方面在法律上并没有明确的规定，因为这种
方法是在一百多年前，也就是现今财务制度刚现雏形的年代，
根据当时的生产环境确立的。那时，几乎还没有像今天这样
的自动化和大型设备，虽说也是工业产品，但基本上都是手
工制作。所以，直接人工费在企业运营费用中的比例达到了

将近 80%。而且，当时的一线操作人员的工资，大多采用计件制，直接人工费也属于变动成本。所以，即使那时将不过20%的固定成本分摊到直接人工费上也没有问题。但现在不同了，间接作业人员在增加，设备投资也很大，负荷等于一线操作人员实际人工费的几倍，所以，标准成本里面，包含了大量的固定成本的部分。"

对于 B 的说明，A 似乎还不理解，于是提出反驳。

A："这一点我知道。但是不管每一件产品是否能有利润，只要接到亏损的订单，售卖就意味着赔钱。每件产品如果不分摊固定成本，固定成本就收不回来，不对吗？"

B："不是这样的。固定成本就像这个词描述的，不管是否接到订单，固定成本既不会增加，也不会减少。首先要考虑：当你接到每一个订单时，只要有效产出为正，这部分就是增加的利润。固定成本通过有效产出整体回收即可，但这也有一个条件：如果生产工序存在制约因素，有效产出的计算就会受到影响。现在因为销售额下滑，生产工序不存在制约因素，所以，首先你应该想一想如何增加销售，这个思路很关键。"

A 陷入沉思，B 继续说下去。

B："好了，今天我在这附近还有一项客户咨询的工作，咱们先聊到这儿吧。不过，有一件事情你不妨尝试一下，结果我可以打包票——只要你们的报价能够保证有效产出为正值，即使竞争对手估算的价格再低，也不见得能挖走订单。这样一来，工厂马上就会暴露出制约因素，到时你再联系我。"

说到这儿，B 站起身来匆匆告辞离开。A 还一面呆呆地望
着墙壁，一面暗自嘀咕："增加有效产出能行吗？……"

## ● 找出制约因素

两周后，B 所在的大学教授办公室里响起了电话铃声，是
A 打来的。

A："关于前几天的事，我按你说的方法试了。先让财务
主管 Y 计算每件产品的有效产出。然后叫来销售部的 H 部长，
告诉他只要有效产出为正值，就可以考虑降价，但应优先接
有效产出高的订单。结果，上周和本周拿到的订单居然比之

**013**

前增加了 20%，但也正因为如此，工厂出现了你说的瓶颈。按照目前的趋势，好不容易争取的订单可能因为交货期严重推后而被迫取消。"

B："很好。今天下午我没有其他安排，就去你那里吧。可以把制造部部长也一起叫来吗？"

A："好的！之前你说过打包票，我才按你说的去做，你得想办法帮我们一把。"

B 放下电话，立即赶往 QP 工业。

当 B 走进 QP 工业的大门时，A 和制造部部长 D 已经等在那儿了，不等 B 说话，A 一开口就说道：

"瓶颈出现了，是钻孔工序。"

B："我有几年没到过你们的生产现场了，能先带我参观一下生产线整体，最后重点看看钻孔工序吗？"

负责陪同参观的 D 已经从 A 社长口中听说了前几天的事，此时完全不知道要干什么，不过因为今天能有机会与 B 教授直接交流，他还是热情地当起了向导。

D："这道工序负责电路板的布线图，在印制行业中称为底版生产工序。客户订购这种类型的电路板时，就在这儿的透明塑料板上制作这种类型的电路。

"这里是钻孔工序。这道工序是在电路板上打孔，这种穿透电路板的孔多达上百个，有时甚至达到上千个。

"这里是电路板的感光工序。首先由工人在印制电路板表面涂上一层感光液，然后把底版的图形放在上面进行感光处理，就像过去的晒图。最后经过显影处理，在电路板表面留下精确的线路，并只在布线的地方保留不溶于感光液的覆膜。

"这里是蚀刻槽，在电路板上刷一层能腐蚀铜的溶剂，然后将线路以外的铜模取掉，这样就能在表面形成电路了。

"这里是通孔电镀工序。在这里，要对打好的孔的内部进行金属镀膜，使得电路板的表面和背面能通电。

"这里是电路板工序。电路板分为由一块电路板构成的单层板，以及黏合两块以上电路板的多层板，这个工序是用于生产多层板的。"

说着，三人又回到 B 所说的瓶颈工序——钻孔工序。B 开口问道。

B："刚才你说这儿是瓶颈，为什么？"

A："其实，从两周前和你闲聊那天起，'瓶颈'这个词一直在我耳边出现。于是我每天在生产现场来回转悠，调查哪个环节有在制品库存积压，交货期滞后的订单中哪一笔订单的生产拖得最久，结果发现钻孔工序的问题最突出。于是，我到生产管理的 C 部长那儿去，由于各产品的每一个工序的标准时间表是现成的，我便让他把这些表上的数据录入到电脑中，然后计算出如果要将本周接到的订单全部生产完，各工序到底需要多少时间。结果发现，按照现在的作业时间，接到的订单已经超出了钻空工序 20% 的生产能力，于是我立刻命令制造部部长通知员工加班。"

## ● 制约因素损失一分钟，等于企业整体运营损失一分钟

"等一下……" B 打断道。

B："加班必然导致运营费用增加，那样一来就没有意义了。首先想想能不能在正常工作时间内完成现在的订单？"

A："这一点当然想过，但是不管干什么都需要钱啊！"

A 觉得老朋友让自己在部下面前丢了面子，B 并不介意，接着说道。

B："这道工序停产一分钟，会损失多少钱？"

A："这个好计算！"

B："你能在这块白板上算一下吗？"

三人一起走到白板前站定，A 向 B 说道。

A："让我想想怎么回答这个问题！"

为了在部下——D 部长面前挽回面子，A 努力地思考着。

A："这道钻孔工序的负荷是每小时 6000 日元，所以钻孔工序每停产 1 分钟，损失是 100 日元。"

B 微微一笑，接过话来。

B："不。这道钻孔工序是制约因素，即瓶颈。钻孔机共五台，如果其中有一台停运 1 分钟，工厂整体 1 分钟对应的销售收入就会减少 1/5。"

A："你要这么说的话，确实如此。"

A 虽然心中不快，但依然同意 B 的说法。

B："你们一年的销售收入是 3 亿日元，该工序的开工天数

是每年 250 天。按一天 8 小时计算，每小时约 15 万日元，每分钟大概是 2500 日元，相当于一台钻孔机能带来 500 日元的销售额。计算有效产出时，扣除掉材料费的比例即可。"

A 开始陷入思考。

A："我们的材料费率约为 30%，所以，500 日元的 70%，（有效产出）就是 350 元？假设有一台钻孔机停运，有效产出就减少 350 元。也就是说减少了 350 元的利润，这等于刚才计算的负荷的 3.5 倍！"

A 以一副恍然大悟的表情，看向了 B。

B："没错，你现在明白了！这里很关键，只要需求大于供给，瓶颈工序每停运 1 分钟，这 1 分钟就会导致工厂整体的有效产出损失，而且这 1 分钟永远也无法挽回。"

B 看着 D 部长，继续说下去。

B："D 部长，蚀刻工序的负荷大概是多少？"

D 想了想，不太肯定地答道。

D："据我本周看到的电脑数据，大概在 60%。"

B："那么，蚀刻工序每停产 1 分钟，大概损失多少？"

D："这个……我对生产还算在行，对钱的事一窍不通。我想损失大概是钻孔工序的一半？"

B："不。假设蚀刻槽突发故障，停运 1 小时，也不会立刻补救，因为订单量只有生产能力的 60%。"

D："那倒不会。我要求每个工序的负责人都把好关，不允许出现怠工的情况。"

在 D 听来，似乎两位是在批评实际运转只有 60% 这件事情，他努力地为自己辩解，但 B 继续说道：

B："我并没有说这种情况不好。各工序的产能始终维持平衡很难做到，所以，除了瓶颈工序，其他工序的负荷低于100%是没有问题的。唯一想说的是，即使瓶颈工序以外的其他工序发生一些故障，因为能力有富余，能够迅速追赶，所以即使这些工序停产，也不会影响利润。"

A："所以，只要把大家的注意力和智慧都集中在制约因素上就行了！"

B："对！我真正想说的是，只对制约因素采取特别的措施并充分利用它的特点就足够了。"


## ● 充分挖掘制约因素

D 部长终于明白过来了，"也就是说，必须利用好瓶颈！"
D 喃喃地念叨着，接着三人看着彼此大笑起来。

B："这个说法不错！人不能随便指使，但机器可以。总之，如何让钻孔工序的生产时间尽可能达到工作时间的100%，这是 A 社长本周面临的最大课题。"

说到这里，B 低头看了看表，然后说：

B："今天是我女儿的生日，我就先告辞了。你呀，一旦找到好的方法，马上联系我。我对生产的事不太擅长，具体怎么充分利用瓶颈工序还得靠你。"

说完起身告辞。

望着 B 离开的背影，A 社长说道，

A：“好，如果是要利用好钻孔工序，这种事我们就能做。来，咱们一起想一想。”

于是，两人开始着手改善活动。

## ● 运转时间最大化

第二天，A 社长趁午休时间来到钻孔工序视察，发现五台钻孔机中，竟然有三台停运，于是立刻叫来 D 部长。

A：“昨天刚强调过重点注意钻孔工序，为什么今天午休时间机器就停运？按照昨天的计算方法，三台机器停运 1 小时，每台机器的有效产出是 3 万日元，三台加起来不就损失了 9 万日元的有效产出了吗？”

D 部长连忙解释道，

D：“我以前就强调过午休时间设备也要继续工作，今天 5 个人中有 1 个人休假了，另外 1 个患感冒请假了，剩下的人交班时都没法吃午饭了。另外，休息的时候，有一台机器又突发故障，还有两台操作结束，正在等待下一批订单。”

A：“这样的话，我想除了午休时间以外，机器也有可能停机，今天你和钻孔工序的员工好好谈一谈，讨论一下停机的原因和预防停机的对策。”

A 把这个课题留给了 D 部长，自己离开了现场。

当天傍晚，D 部长赶到社长办公室向 A 汇报。

D：“社长，大家经过讨论，提出了各种各样的想法。”

A：“哦！说来看看。”

D："首先，但凡遇到今天这种有人休假而导致人手不足的情况，就让生产管理或财务人员过来支援。一般来说，钻孔工序只要机器不出故障，操作人员在旁边监控机器的运转情况就行了。一旦机器突发故障停止工作，马上用传呼机通知负责人。"

A满意地点点头。D继续说道。

D："我又问了问其他时间有没有机器停运的情况，结果了解到每周五下午有一次定期保养，于是做了一下调整：让定期保养的负责人改成周一傍晚上班，在晚上做设备维护。一开始大家都有些抵触，后来我给他们解释，钻孔工序是瓶颈，如果在工作时间内实施设备的维护和保养，就会导致每周损失数十万的有效产出，才总算说服了大家。"

A："除了这些，还有别的想法吗？"

D："还有，有作业人员提出，最近加工过程中钻头折断的问题较以往有所增加，经过调查，发现由于要求削减运营费用，钻孔工序就改用价格低廉的钻头。但这么做的话，钻头的破损就会增加，到头来什么成本也没节省下来。另外，还有一个问题是换产时间。现在换产作业需要 20 分钟到 1 小时，我们决定尝试缩短这部分时间，产品在钻孔工序的生产顺序不同，将给换产时间带来很大的差异。所需钻头的粗细程度如果是一样的，换产时间可大幅减少。因此，将我们生产的电路板，按照钻头直径的标准进行分组，根据分组，每天集中生产同一组的电路板。现在正在做详细的计算，通过这些措施，应该可以应对现在的订单。"

听完 D 部长的汇报，A 总算放下心来。

## ● 接订单时的决策

第二天，B 在办公室接到 A 打来的电话，电话里的声音
听起来轻松了很多。

A："在你的建议下，制约因素解决了，现在我总算可以
松一口气了。今晚请你喝一杯，怎么样？"

B："好啊！那么，还是那家店，6 点钟见？"

两人如约在小酒馆见面，刚一落座，A 便急不可耐地把
昨天的情形详详细细地说给 B 听。

A："现在，制约因素的问题解决了，我可以稍微松一口
气了。自从你告诉关于有效产出的事后，我想了很多，一直
在琢磨能不能在销售人员争取订单的过程中利用这一点……"

B："哦？你想到什么了？"

A："从你的分析来说，只要有效产出最大化，企业就能
获得最大利润。"

B："没错！"

A："之前你说一个月前订单少的时候，连钻孔工序都有
富余的能力，所以只要有效产出是正值，无论什么订单都可
以接。因此，我们尽可能多地接单。"

B："我是这么说的！"

A："现在，钻孔工序经过优化配置，处于满负荷运转。
但是，今后如果继续像贪吃蛇一样接低价订单，赤字问题就

无法解决，所以，我需要一个接单时利润最大化的衡量指标。而根据我们现有的标准成本，你的提议是行不通的。那么，应该以什么为衡量标准呢？"

听到这里，B说话的积极性突然高涨起来。

B："你发现了一个非常关键的问题。如你所说，制约因素的产能与有效产出紧密关联。所以，最好的方法是计算每件产品，其制约因素的每一个单位时间所对应的有效产出。只要看看那个一览表，哪种产品的销量好，哪种产品的利润空间就更大，能一目了然了。也就是说，你们企业利润的制约因素是钻孔工序的生产能力，怎样利用这一宝贵资源，使企业利润最大化？关于这一点，你告诉我的正是制约因素单位时间对应的有效产出。"

听到这儿，A的语调变得兴奋起来。

A："在电路板行业中，如果层数相同，价格和面积成正比，这是惯例。所以，当价格低于标准成本时，我们尽量不接订单。但是，你的观点是：只要以制约因素单位时间的有效产出作为衡量指标，就可以优先接下可获得利润的电路板订单。"

B："没错，你一定要让销售部的人明白这一点。我保证，仅凭这一项，你们就能增加利润。"

A："明白了，我马上着手办这件事！"

之后，两人抛开工作的话题，一直聊到很晚。

## ● 下一步是在制品

过了一周，B 突然再次造访 QP 工业。听说 A 在生产现场，B 赶过去的时候，发现 A 正在钻孔工序忙着和 D 部长说什么。一看到 B，A 的脸上立刻露出开心的笑容，开口说道：

A："结合你上周的提议，回来后我马上召集营销人员进行说明，虽然这只是我们所有产品中制约条件单位时间对应的有效产出，但不同的产品，差异居然高达三倍。"

B 接过清单，看了一会儿说：

B："对你们来说，这可是一件秘密武器。看到这个结果，现在你高兴了吧？"

"不过……" A 看着 B，

A："你的建议就这些吗？还有没有更好的主意，快告诉我！"

B："其实，这还只是起步，你不妨试着先把之前做的回顾一遍：首先，你们的销售收入减少，制约因素是市场。其次，为了增加订单，你们在有效产出是正值的范围内争取订单，结果发现钻孔工序超负荷运转，所以增加了钻孔工序的生产时间。然后，发现已接订单的制约因素来自钻孔工序，将这一点考虑进去，使有效产出最大化，是这么个过程，对吧？"

A 肯定地点点头，B 继续说。

B："那么下一步，你们需要做的是将在制品控制在最少的数量，现在你们企业面临的问题是生产周期过长，对不对？"

A："是的！今天还因为电路板的交货期推迟，被客户严厉地训斥了一顿。负责生产管理的人每天奔波于现场，忙着调拨紧急备货呢！"

## ● 用于保护制约因素的缓冲

B："问题是你们的现场在制品积压过多！"

A："虽说是不需要的在制品，可是，到底需要多少在制品才足够，这一点真是不知道该怎么去衡量。如果数量太少，设备闲置了，交货期不就更滞后了吗？"

B："你仔细想一想：制约因素要求生产时间必须最大化，但是，瓶颈工序以外的其他工序即使运转率达不到100%，对有效产出也没有影响，不是吗？"

A："对呀！这样一来，只要瓶颈工序前面有在制品，就不会出现作业人员空手等待的情况，所以，其他工序基本不需要在制品库存，是吗？"

B看着A，脸上露出惊讶的表情，过了一小会儿才说，

B："你领悟得真快！一点儿也没错，如果有效产出最大化关系到你们企业的最终目标，那在制品库存绝不是一件坏事，只要持有保证瓶颈工序正常运转的数量就足够了，这就是制约因素的缓冲保护，超过这个数量以上的在制品就是罪恶般的存在了。"

A有点儿兴奋起来，迅速接过话头，

A：“那么也就是说，即使瓶颈工序之前有在制品，只要控制好前面工序的原材料上线生产就行了。但是，怎样才能做到这一点？”

到这一步，A 都已经明白了。但具体怎么做，他还是很茫然。

B：“有一个简单的办法，不要在前工序不断地投入材料，而是结合瓶颈工序的生产节奏来投入材料。先计算出瓶颈工序必须开工的时间到在保护缓冲区的滞留时间，加上从进入前工序后到达缓冲区为止的时间的总和，依据这一结果倒推出前工序应该开始生产的时间。”

A：“但是，保护缓冲区应该设定几个小时的量？还有从前工序到达瓶颈工序的时间怎么计算？”

B 继续耐心地解释道，

B：“首先，你知道保护缓冲区为什么存在吗？”

A：“为了避免瓶颈工序停运。”

B：“对，为什么停运？因为前工序到瓶颈工序之间，生产过程中存在波动，现场每天都会发生一些无法预测的情况，对不对？”

A：“嗯，比如机器故障，制程条件错误……经常出现问题。”

B：“所以，缓冲区的长度需要根据你们生产现场的波动程度来定。即便出现波动，也能保证瓶颈工序不停止的最低限度的库存量，这就是最合适的缓冲。”

A：“你这样等于没有回答嘛，我想要的是具体的计算公式！"A的语气里夹杂着不满。

B："与计算公式相比，首先你们需要做的是在瓶颈工序前放置在制品，然后一点点减少用于缓冲的数量。举个例子：假设缓冲区设定是两天的量，那就每天派人对缓冲的状况进行调查，如果在制品的数量一直足以满足后天生产的计划数量，说明缓冲设置得过长。缓冲的作用是即便出现预料之外的情况，瓶颈工序也不会停止生产。所以，如果缓冲长度超过计划的长度就失去了意义。而当缓冲短于计划长度时，因为有缓冲存在，当然能够保证瓶颈工序正常工作了，对不对？"

A："有道理！先根据经验确定缓冲长度，然后对比实绩和计划，就知道缓冲长度设置是否合理了。"

B："没错！所以，观察缓冲是一件很重要的事情。缓冲的状况就像人的体温，是一个健康衡量指标。因为缓冲设置的计划量与实际数量差距越大，说明生产波动就越大。"

A："现在我知道怎样确定缓冲长度了，但是，从前工序上料开始到缓冲区为止的时间怎么计算？"

B："你可以这么来想，除了缓冲区以外，其他工序一律不需要在制品库存。从前工序上料开始，产品就在生产线上流动加工。实际加工时间很短，仅相当于目前生产周期的几分之一。所以，将目标定在从前工序到缓冲区为止的加工时间的3倍左右，就可以了。"

A："但是，实际加工过程中所有工序的等待时间不可能为零，应该更长才对啊？"

B："不！除瓶颈工序以外，其他工序的运转率应该与100%的差距很大，当然不排除个别工序的运转率超过90%，这些工序被称为次生制约条件，这些工序相对复杂，可以试着用排程软件解决。但是，是不是先尝试了以后再考虑这个问题更好？至少可以保证减少在制品存量。"

## ● 有产品尽快做，没有产品原地等待

经过 B 的解释，A 似乎基本明白了，于是干劲十足地说道："好！我马上着手办。"

然而 B 阻止了正要迈出步子的 A，

B："等一下，还有一件重要的事。"

A："什么？还有？你早一点说啊！"

B："除瓶颈工序之外的工序，你还要去落实以下措施，即'材料到达工序跟前的时候马上开工，没有的话就原地等待'。"

A："当然！其他工序的运转率不足100%，所以，肯定有时候是没有工作的状态。"

B："话虽这么说，但现场的人员一直以来被灌输的理念都是'没活儿干时主动找活干，工作时间闲着是不行的'，所以，刚开始实施时，肯定有人会感到不安，而下意识地延迟操作以减少等待时间。还有，虽然运转率不足100%，但并不是让作业人员等待产品从前工序流下来，而是要做好随时能着手操作的准备，一旦产品到达本工序就立即开工，否则很

难缩短生产周期，这一点要给他们讲明白。"

A："明白了，就这么办。"


## ● 制订生产计划的方法

B 走到设在生产现场的白板前，开始进行说明。

B："现在，我们再回顾一遍前面说的内容，首先，制订生产计划时，什么最重要？"

说完看着 D 部长。

D："是实现有效产出最大化。"

B："对！首先，接受哪个产品的订单有助于增加有效产出？这一点营销人员在接单时已经考虑到了。所以，这里只需要在制订生产日程时充分利用制约条件，为此需要计划好：以目前的瓶颈工序，生产什么产品，什么时候生产。那么，制订计划的出发点是什么？D 部长？"

D 思索了一会儿，答道，

D："是不是遵守客户要求的交货期？"

B："正确！一旦交货期延误，就会对今后的订单造成影响。所以，要想保证有效产出，首先要按照交货期发货。要遵守交货期，就要确定瓶颈工序必须在什么时候开始加工。"

A："这样的话，必须摸清从瓶颈工序到发货工序为止要花多长时间了，可是这怎么计算呢？"

听到这儿，A 社长忍不住插了一句。

B 在白板上边画边解释道，

B："首先，为了确保交货期，必须根据从瓶颈工序到发货工序为止的生产波动，确保产品能够按时交货，这就需要在发货工序前设置一个发货缓冲区，该区与保护瓶颈工序的缓冲区原理相同。首先，设置一定时间的缓冲量，每天对该区进行监控和调整。这样一来，瓶颈工序的加工结束时间就等于，从交货期中减去在发货缓冲区的停留时间，再减去从瓶颈工序到进入发货缓冲区之前的所需时间。另外，将到达发货缓冲区为止的周期时间先定为中间工序加工时间的3倍。"

B 继续说下去，

B："瓶颈工序的各电路板加工结束时间，减去换产时间和加工时间，就等于开工时间，一般都是这么描述的，这样的话，当然就会出现工作量超出工序能力的时候，那么接下来就要考虑均衡化了。"

此时，只见 D 部长朝钻孔工序的班长招了招手，示意他过来一起听。

B：“关于均衡化的方法，首先，要提前生产，以避免影响交货期。如果贯彻了这一点还是超负荷运转，就要考虑压缩换产时间，这一点似乎可以马上做到，但是因为钻头的直径相同，可以把能够省去换产的电路板集中在一起生产。如果这么做还是超负荷，就可以将一部分电路板提前生产。这样一来，该订单的交货期就会延后。另一个方法是通过加班解决，这必须由生产管理和制造，以及营销共同协商后决定。如果按以上几点来做，就能制订出瓶颈工序的生产计划。接下来，就是将各电路板的上线生产时间，减去从前工序到保护缓冲区为止的周期时间，再减去保护缓冲区的停留时间，就等于在前工序投入某电路板原材料的时机。”

B拿着荧光笔返回白板前，把目光转向了大家。而D部长则认真地做着记录。

接着，A社长对在场的人说道。

A：“现在大家知道怎么制订生产计划了吧？好，现在所有人先试着制订明天以后的生产计划。兄弟，今天真是谢谢你。这个方法我们应该能做到，我们先试一试。”


● **改变评价指标**

两周以后，B再次接到A打来的电话。

A：“我们按照你说的生产计划制订方法试着做了一下，结果，在制品存量真的减少了，太让人惊讶了！不仅如此，上上周还有三周左右的库存，本周减少到了一周的库存量。

多亏你的提议，本周所有订单全部按期交货。在我的印象里，还是头一次碰到这种情况。"

电话的另一头，A 的声音难掩兴奋。

B："哦？看来情况不错嘛！在制品库存减少得这么快，难道是最近订单变少了吗？"

A："没有！订单反而增加了，所以我才大吃一惊呢。其实，D 部长把制造部的人员全部召集到一起，向大家说明，钻孔工序是生产瓶颈，需要大家集中力量对钻孔工序进行改善。于是，大家提出了很多想法。"

听到这儿，B 为之一振。

B："是吗？据我所知，工厂的潜在产能一般在 30%。看样子，你们企业的生产潜力已经被挖掘出来了。"

A："我也是这么想的，并不是下大力气对所有工序一个不漏地进行改善，而是把重点集中在增加钻孔工序的生产时间上就可以了，这更容易操作。最近，我们开会时，即便有争论，但一说到'首要任务是增加钻孔工序的生产时间'时就没有任何异议了。而生产能力也如你所料，和原来相比提高了近 30%。"

B："如果情况一切都好，我就放心了。"

● **改变大家的意识**

A："确实不错，不过还有一点让我不得不在意。自从按照新的方法对生产进行管理后，如你所说，钻孔工序以外的工序，空手等待的问题就暴露得特别明显了。当然，根据你的建议：我把全体员工召集到一起，对即便处于等待状态也不必担心，企业的利润反而会增加准备时间的必要性，现在会社利润不降反升等现状进行说明，以尽可能打消大家的顾虑。但是，钻孔工序以外的员工似乎显得有些无所事事。"

B："对呀，当人长年习惯于某种环境时，一旦该环境突然变化，人就会觉得不适应。手头上没有工作的状态容易给人以不好的感觉。所以，最终只能让他们认识到新方法能帮助企业盈利，改变他们的意识。对了，我手头有一款专门针对这个问题的模拟游戏，有时间去你那儿演练一下。"

A："太好了，尽快来一趟吧，拜托了！"

## ● 不要期待提高瓶颈工序的能力

A社长刚挂断电话，在社长室门前等了一会儿的制造部长便推门进来报告工作。

D："社长，钻孔工序的产能眼看又要跟不上了。现在，我们的生产周期是一周，交货期滞后问题已经基本解决，所以营销也一直在接那些交货期短的订单。下周的负荷量预计会达到120%，所以，钻孔工序必须得加班了。之前您要求加强改善、努力提高产能，但是现在能想的办法都想了，还是跟不上。最近也没有什么有效建议，而一台钻孔机的售价大概3000万日元，购置新设备对我们来说不现实，所以……"

听到这番汇报，坐在办公椅上的A眯着眼睛思索了一会，随即答道。

A："在 B 教授的建议下，现在我们刚刚扭亏为盈，今后形势怎么发展还不清楚。所以，新增3000万投资显然不可行。先尽量通过加班解决，还是超出能力的订单先不要接了。"

对于 A 来说，这个决定相当遗憾。难得有机会能够增加企业的销售额，但是之前的持续亏损，让他实在没有心思积极地考虑设备投资的事情。

● **两位生产技术人员的提案**

A 走出社长室。此时，两个年轻的技术员 X 君和 Y 君正站在走廊里起劲地争辩着什么。

X："和我的方案相比，你的方案不是什么效果都没有吗？就算呈报到社长那儿，也是白搭！"

Y："不见得……"

"你们俩在吵什么？" A 开口问道。

两个人被吓了一跳，同时望着 A，然后慌忙辩解。

X："不，不是的，社长。最近现场一直在积极推进现场改善，我和他也分别提出了自己的方案，我们俩的方案都需要花费 50 万日元。按目前的预算情况，只能选择其中一种。但哪种方案更好，大家意见分歧很大。"

A："哦？你们俩还为企业发展提出了方案，好！跟我到办公室来，分别谈一谈你们的想法。"

两人老老实实地跟着 A 走进社长室，X 抢先开口。

X："我的提案是对感光处理工序进行改善。只要稍微改良一下现有的设备，一块电路板的感光时间能缩短 20%。现在感光工序的负荷量是 4000 日元/小时，缩短 20% 就是 800 日元/小时，每年能降低 160 万日元的成本。按初期投资 50 万日元计算，4 个月就能实现回收。"

接着，轮到 Y 了。

Y："我从仓库里把几台以前钻孔工序用的老机器搬出来了。这几台机器的速度只有现在机器的 1/2，分辨率也比较低，只能用于目前生产的电路板中 1/3 的机型。如果对这些机器进行拆解再安装，应该还能使用。拆解和制作工装夹具一共需要花费 50 万日元左右。"

听到这儿，A 问 Y：

A："你提的方案，投资回报期是多久？"

Y："不知道，所以才遭到 X 的批评。老机器的运转速度只相当于现在设备的一半，所以，加工时间会成倍增加。我按财务教的投资回报率计算公式算了一下，结论是没有效果，无法回收。"

A："那么你为什么会想到这个提议？"

Y："其实，我听钻孔工序的员工说他们工序的产能跟不上，而厂里现在拿不出钱购置新机器。于是想起仓库里还有两台购买新钻孔机之前闲置的老机器，寻思着能不能让它们派上点用场。"

A："明白了。你们俩的方案都是为我们企业考虑，非常难得。两个方案都非常想尝试一下，但以我们目前的状况来看，Y 的方案更可行。"

此言一出，小 X 惊诧地望着社长。

X："社长，这怎么可能呢? 我估算的投资回报期才 4 个月，而 Y 的是无限大啊!"

A 耐心地解释道。

A："现在，咱们的产能瓶颈是钻孔工序，增加钻孔工序的产能，直接关系到销售额的提升，折旧能提供给我们企业利润。但是，最近感光工序的运转率为 60% 左右，也就是说，该工序的产能很充足，所以这次理应采纳 Y 的建议。不过，今后如果感光工序成为瓶颈，你的方案就很关键了，因此暂时先保留。不管怎么说，都要谢谢你们。"

这场谈话结束后，二人离开社长室。A 感觉到，今后必须考虑改变设备投资效益的评估方法了。

## ● 搬运批量的大小

第二天，B 教授前来访。A 把昨天生产技术人员方案的事简短地向他叙述了一遍。

听完后，B 点点头，微笑着说道，

B："看样子，我的理论你基本上已经明白了。昨天的议题很重要，设备投资的目的是获取更多利润，而能不能增加有效产出是第一要素。"

被 B 称赞了以后，A 露出一副并不否定的表情。

B："不过，关于你们企业的生产改善，还有一个重要的地方。"

A："是什么?"

B："就是确定批量大小的方法。你们接到的订单数量就是批量大小，根据该批量的大小确定所有工序的生产和工序间搬运，对吧?"

A："对。但是，大订单是每月下一次订单，有时会每周交货。这时，一般每月进行一次性的集中生产，然后把成品堆放在库房里，每周交一次货。电路板全部都是定制的，所以不必按预估量集中生产。"

B："很好，但问题是某个订单的批量大小从生产开始到结束并不固定，对不对? 根据传统 MRP（物料需求计划）理论：批量大小是指按照某一规则事先确定的单位，对物料从最开始上线到最后生产出产品为止进行生产。而从我提出的新理论的观点来讲：批量大小是可以根据各个工序改变的，工序间的搬运批量应该比工序中操作的批量要小。"

A："总感觉这样会使管理变得复杂，我实在没什么兴趣，为什么要这么做呢?"

B："这是为了在充分利用瓶颈工序的前提下，进一步减少在制品的数量。因为各工序必定需要换产时间，批量越小，换产时间的比例越大，生产时间的比例就越小。"

A："对啊! 像我们这样，以客户的订单批量进行生产，在这基础上减少批量的大小，也没有意义嘛?"

A 似乎对这个话题并不感兴趣。

B："不! 换产时间必须缩短到最短。原因还是在于瓶颈工序，而且仅限该工序的负荷超出生产能力的时候。至于其他工序，因为生产能力大于需求，所以即使增加换产，也不会影响有效产出。但是，如果是小批量，对应的在制品库存就会减少，所以，仅让瓶颈工序按客户订单的单位作为生产批量，而其他工序则将订单的批量进行分割即可。举个例子，有些电路板需要每周向客户交货，目前是以月为单位进行集中生产的情况下，也可以采取钻孔工序按月集中生产，而其他工序将批量分解到每周进行生产。"

A："对呀，这样一来，既不牺牲有效产出，还能缩短生产周期。"

B："另外，尽量缩小搬运的批量，使前工序与次工序的操作在时间上能重叠。当然，以一块电路板为单位的话批量太小，只要在符合现实情况下的范围内将搬运批量设置为最小的量就行了。"

A："但是这么做的话，就会增加搬运的工作量，反而导致成本上升，不是吗？"

B："工作量增加与成本上升之间没有关系。因为瓶颈工序以外的工序，工作负荷不足 100%，即使作业人员不断地从前工序搬运电路板，有效产出也应该不会减少。"

A："是吗，我好像有点明白了！搬运批量的问题可以马上解决，今天开始我就让现场人员讨论一下。关于分割作业批量的问题，因为批量管理比较复杂，可能需要一点时间，不管怎样，先试试看。"

A 似乎终于明白 B 的用意了。

B：“好。你最近领悟得越来越快了，了不起!”

夸奖完 A 之后，B 带着对结果的期待，告辞离开。

## ● 谜底揭晓

一晃两个月过去，A 邀请 B 一起喝一杯。这回不是两人常去的酒吧，而是一家高级餐厅。在 B 的建议下，自己企业的经营状况有了改善，A 想借此机会表达谢意。

B 刚一落座，A 便开门见山地说道。

A：“在你的建议下，才过了 4 个月，我们企业就从亏损变为大幅盈利。之前的搬运批量问题，根据生产工序，现在调整为每次以两块电路板为单位进行搬运。然后还尝试了批量分割，虽然花了点功夫，在大家的努力下，总算能够做到了。另外，现在生产周期已经缩短到 3～4 天，再也没有接到客户的投诉，公司的现金流也好了很多，我们一度考虑过向银行返还部分贷款营运资金，谁知该网点的行长专程赶来，拜托我们提前还款速度不要太快，以免他们为难。”

B：“看来你们现在的盈利情况不错嘛!”

A：“总之，最近订单不断增加，钻孔工序越来越接近极限。我已经下定决心，再购置两台新钻孔机，今天刚到货。今后应该能争取到更多的订单，利润也会进一步增加，这一切还要谢谢你!”

B：“别这么说，我只不过是把最近在美国学到的新方法告诉你罢了。其实，我也只是学习了理论，指导企业在实践

**038**

中应用还是第一次。"

A："这么说，我们成了你的实验台?"

B："可以这么说吧，对不住了!"

A："这话就见外了。你的工作就是接受咨询，一直让你免费给我提供建议，倒是我不好意思。如果我们是实验对象，免费接受指导负担也不会那么重。不过，你说的美国方法到底是什么?"

对于让自己的企业扭亏为盈的改善方法，A 一下子来了兴趣。

B："Theory of Constraints，简称 TOC，日语称'制约因素的理论'。是一个叫艾利·高德拉特的以色列物理学家，在 20 多年前开创的系统改善法方法论。"

A："物理学家啊，学者还能想出这么实用的方法?"

B："别这么说! 怎么说我也勉强算是个学者了。早在 20 世纪 80 年代，一种叫'OPT'的生产排程软件在美国业界深受推崇。那时，我还在大学从事运筹学（Operation Research）在生产应用领域的研究，所以自然对 OPT 产生了强烈兴趣。这个 OPT 是高德拉特博士首创的，我也曾试图找到 OPT 的秘密，当时博士并没有公开具体算法。后来随着 OPT 热潮渐渐褪去，这个理论几乎被人遗忘了。直到最近，我才从一个在美国的朋友那儿得知美国现在正流行一种叫'TOC'的理论。"

A："哦! 你在美国学过生产方面的理论?"

B："据说，最近美国发起了一场复兴制造业的运动。美国人正在努力赶超日本。所以，与 TOC 相关的信息还没有传到日本。"

A："这么说 TOC 是美国制造业的秘密武器，不想传到日本？"

B："这倒未必。不过，美国人肯定不会主动推销给日本的。所以，我抱着把它引进日本的想法，专程赶到美国参加了一个培训。"

A："是吗？看来 TOC 是一个相当不错的手法。至少，这里面提到企业盈利这一目的与生产计划，还有改善活动直接相关的观点，我很感兴趣。"

B："其实，我现在告诉你的只是 TOC 一半的内容。"

A："什么？原来你还留着一手，拜托！咨询费我照付，把剩下的一半内容快告诉我。"

B："不是我留了一手。听我说，其实 TOC 是由两种性质截然不同的手法构成的。一种是到此为止我告诉你的生产改善法。具体讲，就是如何找到设备和人员中存在物理性的制约因素，并为了盈利而充分运用这些因素的方法。"

A："就是这种方法，让我们扭亏为盈了！"

B："高德拉特博士在 20 世纪 80 年代后期开创了一种叫思维流程（Thinking Process，简称 TP）的方法，之后在产业界推广开来。这种方法提出的是一种非妥协性的解决方案，是针对在根本上存在矛盾和对立的深层次问题，不是选择妥协，而是从整体最优化的角度出发，找到突破的方案，并加以实践的工具。这是完全不同的一种方法。"

A:"似乎很难懂啊!"

B:"要想掌握这种方法,至少要进行两周的研修学习,我在美国听过课,每天都累得筋疲力尽。正好,最近我打算在你们那儿演练一遍。"

A:"不管实验还是演练,我们都欢迎!"

B:"好!过两天,就在你们企业,运用这个思维流程,教你们用销售方式来实现盈利。"

A:"通过销售方式让企业盈利?听起来不错嘛,可一定要在我们那儿试一下!"

通过销售方式实现企业盈利……顿时,A 被这句话勾起了兴趣。

## ● 凭借销售方式实现盈利

大概两周后,B 又一次突然造访 QP 工业。A 笑脸相迎。

A:"本月末我们刚刚做完期末会计核算,今年上半期还是赤字,下半期就转为盈利,全年有望盈利。按照这个态势,明年利润将会大幅提高。"

B:"记得以前问你企业的目的是什么时,你的回答是上市吧?"

A:"那还是遥不可及的梦!以我们目前的销售规模,上市不可能。"

B:"如果销售额和利润持续增加,也未必。"

A:"话虽不错,但对我来说,现在可供我开拓市场的客户已经开拓得差不多了。而且任何一家装配生产企业都自成体系，进入的门槛很高。此外，大幅提高销售额还有一道绕不开的坎。"

B："什么坎？"

A："我们主要面向小额订单生产，我们的专利产品——高密度电路板虽然适用于超小型产品，但之前这类产品在市场上没什么需求，最近便携式产品增速惊人，因此大宗订单的需求越来越旺盛。我们的竞争对手抓住这一市场动态，很早就购置了一批高速尖端设备，所以，想提高销量，必须争取大额订单。但这样一来，以我们的设备能力，肯定不能像竞争对手一样用低价接订单。当然，我也考虑过购置一批高速设备，但全部加起来需要上亿日元，实在下不了这个决心。"

B："可是，你们的电路板不是只用三天就能生产出来吗？"

A："是的，因此，交货期在一个月以后的普通订单100%能如期交付，新产品试验投产和紧急设计变更的订单也能在一周内交付。"

B："那么，只要把更短的交货期作为卖点，进行推销不就行了吗？竞争对手购置了高速设备，所以无法接下那些小批量需求的小额订单。如果客户突然提出设计变更，上千张电路板就会变成废品了。"

A："这一点我当然想到了。所以，专门派人赶到一个大客户那里去推销我们的产品，但价格上始终达不成一致，我们提议的最低价格也比竞争对手高出 20%。尽管我们一再强调因设计变更而报废的风险将大大降低，对方也知道这一点，但他们自身是采用以越低的价格采购就能得到越好的业绩评价，所以不会轻易改变做法的。"

## ● 冲突图

B："明白了！让我用 TOC 思维流程来对这个问题进行分析吧。"

说着，B 开始在白板上画一幅图。

B："首先，我们站在客户的采购主管的立场来思考，他的最终目标是自己的企业盈利。"

听到这里，A 画了一个方框，在方框里写下"企业盈利"几个字。

B："接下来，为了达到'企业盈利'的目的，需要'降低材料库存和库存风险'和'降低材料购买单价'，到这儿没有疑问吧？"

A："没有！"

B："要想'降低材料库存和库存风险'，就需要'小批量订购'，对吗？"

A："嗯，如果是小量订购，我们的价格比竞争对手低。"

B："但是，为了'降低材料购买单价'，需要'集中采购'，对吗？"

A："嗯。那样一来，竞争对手能出一个更低的价格。"

B 将上述项目填入每一个方框中，又在各方框之间用箭头标出因果关系（参见图1）。

B："这张图应该这样看：'为了达到企业盈利的目的，必须降低材料购买单价'，'为了降低材料购买单价，需要集中采购'。上面是'为了达到企业盈利的目的，需要降低材料库存和库存风险'，而'为了降低材料库存和库存风险，需要小批量订购'，这么讲能明白吗？"

A："没问题。"

B："这样一来，右侧上下两个方框之间是一对基本矛盾，集中采购和小批量订购无法同时进行，对不对？"

说到这儿，B 在右侧上下两个方框之间画了一个闪电箭头。

B："所以，这对基本矛盾必须解决。这就需要对图中代表因果关系的箭头逐一进行分析，要追问自己这一项是否是

◎ 图1

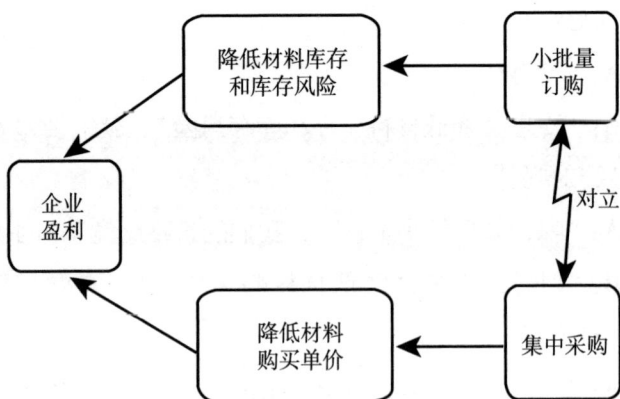

必然的结果？有没有可回避的方法？”

A：“可是这些因果关系都是理所当然的，你那样做不就打乱了吗？”

B：“好吧，我们先从上面的箭头开始分析。‘为了降低材料库存和库存风险，需要小批量订购’，这是否是一种在任何情况下都成立的因果关系？”

A：“当然。客户以周为单位订购时，只需保有一周的库存量。而且，即使出现设计变更，库存的风险也不过是一周而已。这就像一条自然法则，不容违反。”

B：“也许吧！好，你看看下面的箭头。‘为了降低材料购买单价，需要集中采购’，这怎么解释，这是否也是在任何情况下都成立？”

A：“根据订购的数量打折是业界的常识！”

B：“那为什么要打折？是生产成本降低了吗？”

A：“在设备相同的条件下，换产的次数会减少，也只有这个部分的成本会降低，交易成本应该也会下降，而且处理票据和管理订单的工作会减少。”

B：“那你们接的小批量订单和大批量订单的价格差大概是多少？”

A：“一百块电路板的订单与一千块相比，单价相差两倍左右。”

B：“但是你们更适合小批量生产，成本差距应该没这么大吧？”

A：“电路板企业中，底版制作的生产准备成本分摊是不

**045**

一样的。"

B："你的意思是，电路板行业的生产准备成本不是由客户另外支出，而是分摊在全部产品的售价中？"

A："这倒不是，因为市场竞争日趋激烈，客户不喜欢初期投资。所以，一部分生产准备费用可纳入模具制造成本，剩下的则靠电路板回收。"

B："你想想看，能不能把我们现在所说的客户大批量订单需求拆分成小批量订单，由此，订单直接在年度合同中汇总，这样一来，底版制作的成本就可以通过所有的订单进行回收。仅把发货指令变成小批量就可以了，而且设置好条件，即过程中可以随时取消订单或设计变更，客户可以省去烦琐的订购过程，还能按照小批量的发货指令，接收我们的产品。所以，订单虽然形式上是大批量的，但实质上，可以让客户享受到小批量订货的好处。这么做的话，真正的小批量订单，也就是没什么需求的电路板（就不会贬值了），其价格就不会崩盘了。"

说着，B 在刚才绘制的图上补充了一个方框，在方框里写下"把大批量需求拆解成小批量的订货单位，进行订货"（参见图 2）。

B："加入这个想法后，要降低材料购买单价，要集中采购的因果关系就不成立了。这样一来，上下两个条件都变成了小批量订货，无论是采购单价还是库存，都会同时减少，对吧？"

A："明白了，你说的没错！我马上去销售部，让他们给客户建议，只要强调小批量订购的优点，我想即使我们出的

◎ 图2

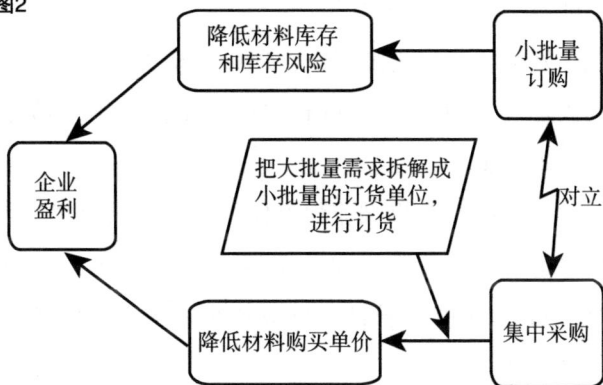

价格比竞争对手高一些，客户也会选择我们。"

B："没错！"

A："等一下，今天使用的这个图是 TOC 的思维流程吗？"

B："这个图叫'冲突图'，只是思维流程的工具之一。另外还有 4 个图，有机会我再讲给你听。"

A："是吗？这种方法连我这样的初学者也能很容易明白呢！"

B："话虽如此，实际用起来还需要努力啊。"

说完这句意味深长的话后，B 起身告辞。

● **思维流程**

一周后，A 给 B 打了一个电话。

A："关于你的提议，客户理解后，订单马上就谈下来了。多亏有你，仅这种型号的电路板，一年的销售额预计能达5000 万日元，这思维流程的工具真是太棒了！方便的话，今晚能不能再给我多讲一讲？"

B："好啊，我这边没问题，那就今晚见。"

两人在经常见面的小酒吧如约见了面。刚一落座，A就迫不及待地问道。

A："你说的这个思维流程整体是个什么概念？"

B："这种方法实际上是之前我提到的高德拉特博士，在目睹企业引进 TOC 生产改善活动出现的一系列问题以后，开发的一种方法。"

A："哦？是什么问题……"

B："在他刚刚开始普及 TOC 生产改善方法的20世纪80年代前半期，美国的经济发展势头良好，几乎所有的企业，制约因素都来自生产工序。所以，只要提高工厂的生产能力，产品就有销路，企业就能盈利。但是，进入80年代后半期，美国经济开始下滑，制约因素很快转移到市场。这么一来，由于美国的企业高管去追求企业的短期利润，当他们发现工厂的剩余产能结构不合理后，就纷纷通过裁员来缓解业绩压力。"

A："美国企业在裁员问题上从来不手软。"

B："但这么做，让工厂的生产改善活动很快没了动静。不但如此，当已经改善了的工厂成为牺牲品后，大家对改善活动也变得相当敏感。"

A："当然喽！只要是人，谁会愿意丢掉饭碗呢。"

B："于是，高德拉特博士深深领悟到一个问题：如果解决市场制约因素的活动，即增加销售收入的活动不同步开展的话，生产改善活动就不能进行。很快，他就找出了突破市场制约因素的突破点，并在此基础上开创了一套将理论知识应用于实践的工具，从而建立了思维流程。"

A："确实，当销售额减少时，即使想方设法提高生产效率，如果人员和设备闲置了也没有意义。日本企业一般不裁员，所以才会不计后果地扩大销售！"

B："对，日企不轻易裁员。举个例子，日企一般采用'人海战术'，把职能部门的人派去支援销售，以此突破困境。但是，我认为应该从高德拉特博士的有效产出的市场战略入手解决问题。"

## ● 市场战略（注1）

听到市场战略一词，A 一脸怀疑地问。

A："有效产出的市场战略又是什么意思？"

B："高德拉特博士是这样表述的：首先，产品和服务的价值，在买方和卖方的眼中是完全不同的。卖方考虑的是与制造过程中投入的资金相抵的价值，所以会在总成本的基础上，加入合理的利润率，就是卖方定义的价格。"

A："是！一旦亏损，企业将难以为继。"

B："但是，卖方认为，通过使用产品、服务获得的便利才是价值。所以，从买方的立场来说，相同的产品和服务，每个人都能找到不同的价值。" 说到这里，B 从口袋掏出一个记事本和一支笔画了起来。

B："举个例子，买方眼中的价值是这样分布的（图3）。

**049**

当然，以某种产品为例，谁也不知道具体的分布情况。假设现在这种产品的销售价在 P 点，位于该点右侧的客户即使发现价格高于该售价也愿意购买，对不对？"

◎ **图3**

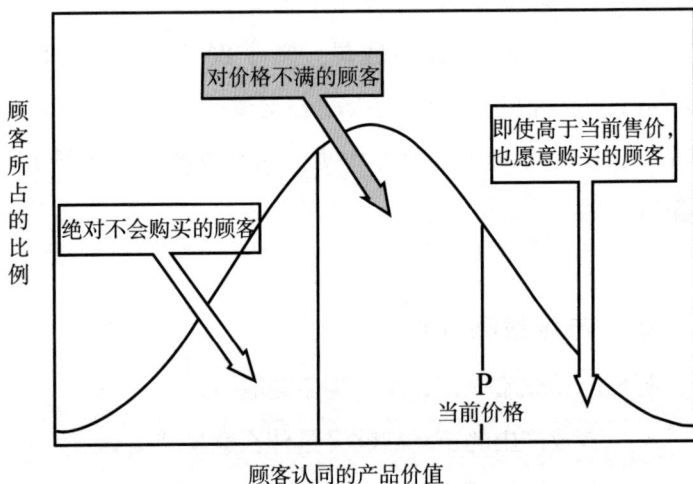

A："对。"

B："但是，P 点左侧的客户只看到了比 P 点更低的价格，所以对 P 的定价表示不满。而更靠左侧的顾客属于绝对不会购买这种产品的顾客。"

A："是，比如高清电视，有的顾客愿意花几百万日元购买，有的顾客最多愿意掏 20 日元。"

B："这样的话，要从市场获取最大利润，只要对认为产品具有更高价值的顾客按高价出售，对只看到产品较低价值的顾客按低价出售即可。"

A："这怎么可能？同一款液晶电池，如果根据购买对象，
有的按 200 万日元卖，有的按 50 万日元卖，买贵了的顾客肯
定会投诉。"

B："但有的行业的确是这样做的。"

A："什么行业？"

B："航空公司，特别是美国航空公司。比如某飞机，其
经济舱可容纳上百人。乘客支付的飞机票价却多达 100 种，而
且最便宜的票价和最贵的票价之间相差近 5 倍。"

A："没人投诉吗？"

B："我知道你会问这个问题。首先，你想一想每个乘客
的旅行价值，一种是为一次价值上亿的商务谈判乘坐飞机的
高端商务人士，一种是以旅游为目的乘坐飞机的学生，二者
之间的旅行价值完全不同，对不对？另一方面，从航空公司
的角度来说，当然需要区分旅游型乘客和商务型乘客两种客
户群。所以，打折机票的行程安排通常是周六晚在旅行目的
地住宿，而且要求在出行的两周前订票。而商务人士一般不
会选择周末在出差地住宿，他们的行程安排大多临时决定，
因此不会购买廉价机票。所以，即使是同一航班的飞机，享
受同样的机内服务，以 4~5 倍的价格购买机票的乘客并不会
投诉。虽说是商务人士，但他们在全家出去旅行时，也有可
能选择购买打折机票，对吧？"

A："这倒没错，飞机的订票时间和旅行日期不同，制约
要素也不同，但这种现象仅限服务业。实体产品不可能按此
类分。"

**051**

B："重点就在这里，高德拉特博士提出的市场突破点是一物一价，即打破同一件产品对客户采用统一定价，而是对市场细分化的建议。"

A："具体怎么操作？"

B："采取市场基本理论之一，即将产品放大的思路。也就是说，你们销售的产品不仅仅是电路板，质量、交货期、顾客服务等肉眼看不见的要素也是产品构成的一部分，特别是帮助客户解决问题这一要素是排在第一位的。"

A："总感觉这个观点以前在市场营销的书上看过。"

B："举个例子，你们的生产周期从两到三周缩短到了五天，对吧？"

A："现在已经缩短到三天了。在你的建议下，减少了搬运批量的大小，还有拆分批量。"

B："那么客户要求的交货期是多长？"

A："在两到三周，但是，突然的设计变更或新产品开发的试制品等紧急产品，客户希望一周左右交付。以前，就算生产主管从厂里各处找货，也只能按照交货期交付一半的电路板。现在，只是在前工序区分上料，而现场人员即便不知道是紧急订单，也能百分之百地按照交付期交货。"

B："那么，对于紧急订单，客户出的价格是不是更高？"

A："我们当然想那么做。不过，因为还能从客户手里拿到其他订单，所以价格和平常的一样。另外，生产周期很短，交货期短的产品也不会太花费功夫，没有必要让客户付出更高的价格。"

B："你不妨从客户立场出发想一想，假设突然发现某种产品存在一个重大的技术问题，需要进行紧急的设计变更，如果不马上解决这个问题，产品就卖不出去。那么，当这种电路板分别按五天交货和按两周交货时，对客户来说，他们付出的成本有多大的差异？"

A："有道理，电路板的价格还不到客户产品成本的 10%，这么计算的话，客户的销售损失是电路板价格的 10 倍。"

B："所以，你们完全可以根据交货期定出差价。例如：如果交货期为一周，你们的报价可以是正常价格的 2~3 倍。"

A："这么做客户能接受吗？而且，我们的竞争对手也是按普通的价格接受紧急订单的。"

B："但是，你们竞争对手的生产周期和你们之前的情况差不多，也是两到三周的样子。所以，即使他们拿到交货期特别短的订单，也不可能按时交货吧？"

A："确实，最近这种交货期特别短的订单突然增多，似乎客户已经开始发现，把交货期特别短的订单交给我们，我们完全能应付得过来。"

B："看来，向客户索要加急费是可行的。你听说过美国联邦快递公司吗？"

A："知道。"

B："这家快递公司将美国境内的包裹投递时间分为几档，送达时间越快，收取的费用越高。第一档是次日 9：00 点前送达，第二档是次日中午前送达，第三档是次日送达，最后一档是三天内送达。所以，假设你有一台价值 1 亿日元的电脑突发故障，必须使用备件进行代替故障零部件，这时只需向该快递公司要求次日 9：00 点前送达就行了。"

A："你说的道理我明白，但美国和日本的商业规则不同。在日本，大家都认为服务是免费的，短交期订单只不过是为了争取其他订单而顺带提供的服务。"

B："不过，如果你们向客户说明短交期订单服务能给他们带来哪些金钱上的好处，而且与他们约定肯定按时交货，结果就会完全不同。还可以约定如果交期滞后一天，那么价格可以比普通报价再降低 10%，或者直接免费供货，一定会有客户愿意接受你们的建议，而且对客户做出这样的保证，你们的竞争对手恐怕不敢效仿。"

A："但是，能不能说服所有客户，我没把握！"

B："即使说服不了所有客户，也没关系。但如果超短期订单的比例继续增加，你们就会很头痛。当超短期订单控制在整体的 20% 以内时，通过普通交货期的订单可以将负荷均衡化。如果这部分订单增加到 80% 时，每天的负荷量就会出现很大的波动，工厂的运转效率会降低。所以，首先应该对认同短交期价值的客户采用这种方式。"

A："明白了，这样做也许可行，似乎有尝试的价值。不过，今天我们的话题是从 TOC 思维流程开始的，怎么说到市场了？"

B："不！我们现在聊的交期市场细分理论，要将其付诸实践的系统方法就是 TOC 思维流程。"

## ● 思维流程的全貌

Ａ："你能把这个思维流程剩下的部分告诉我吗?"

Ａ 忍不住催促道。

Ｂ："正好我今天带了一些资料来。"

说着，Ｂ 从随身携带的公文包里取出一沓资料。Ａ 向前探了探身，他已经迫不及待了。

Ｂ："所谓思维流程，用一句话概括，就是以引发变化为目的的工具。为了引发变化，必须回答以下三个问题：'改变什么'，'改变成什么'，'怎样改变'。"

Ｂ 继续说道。

Ｂ："回答'改变成什么'的工具是前几天我在你们公司提到的'冲突图'。也就是说，发现某个问题点时，为了解决这个问题点，会出现根本性的矛盾、对立，这就需要使用一种工具，以找出解决该冲突的突破方案，这个工具就是冲突图。"

Ａ："确实，之前你给我解释的图（图 2），启发了我们如何解决与客户采购主管之间的矛盾。"

Ｂ："但是，当遇到更复杂的问题时，要在这之前找出'让什么产生改变'本身就很有难度，这时需要使用一种描述各问题之间因果关系的工具，也就是'现状问题树'。"

说着，Ｂ 翻开刚才的资料，用手指着其中一页（参见图 4）。

Ｂ："这张图用箭头将原因和结果连接起来，所以，应从

**055**

下往上看，但实际应该这么理解：'如果是 A，那么一定是因为 B 造成的'。接下来，要看有多个箭头指向的方框，这些箭头上都画着一个椭圆。以这张图为例，每个椭圆与两个箭头相连，这种情况表示如果两个原因不能同时成立，相应的结果就不会出现，这时的读法是'如果 A 且 B，那么 C'。"

A："这很好理解。但是，即便画出这样一张图，也只是看出问题结构很复杂而已吧？"

B："不，这张图里，首先在目前存在问题的领域中，先试着列举出不好的征兆，然后调查这些征兆之间是否存在因果关系，如果感觉其中两项之间存在因果关系，就用箭头把二者连接起来。做完这一步后，针对剩下的方框思考原因，继续追溯更深层次的原因。"

A："这一步需要做到什么程度？"

◎ 图4

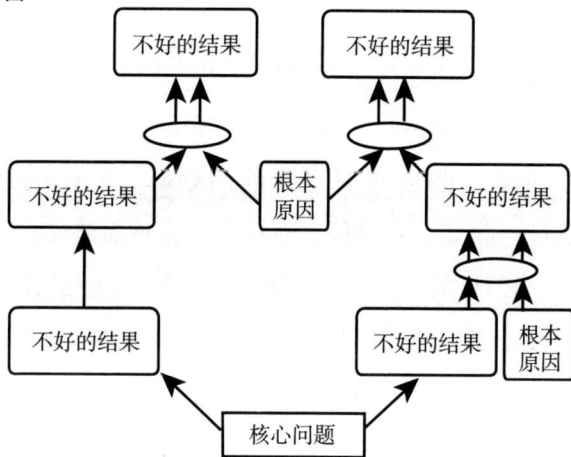

B："一般需要追溯 5～10 层原因。当确定其中 1～2 个原因
是占整体因素的 80% 时，目的就达到了。这 1～2 个方框被称
为'核心问题'。只要解决这些问题，这个领域存在的问题几
乎可以得到解决。"

A："但现实中，仅仅 1～2 个原因怎么可能引发所有问题
呢？如果有这样的原因，肯定有能解决该问题的人。"

B："你听我说。首先，几乎所有运用 TOC 思维流程的案
例都成功地找到了为数不多的核心问题。而且，核心问题没
解决，通常大家都认为原因是该问题根深蒂固，想解决它，
可能会引起其他更大的问题，这种类型的例子很多。"

A："根深蒂固的问题怎么解决？如果解决该问题后，又
引发其他更大的问题，那最终还不是没有解决问题吗？"

B："现状问题树的目的，首先是让大家分析到底应该把
解决问题的焦点聚焦在哪个方面，所以这个阶段需要做的是
找出一个核心问题，然后集中进行进攻。就像刚刚我说的
'改变什么'的这个问题，它的答案便是'改变了以后效果会
最大的领域，对这个领域进行改变'。这样一来，核心问题干
脆就变成了经过改变能取得最大效果的领域。"

A："的确如此，就等于回答了要改变什么，那么，下一
个问题就是要'改变成什么'？"

B："没错！可以说这一步是最需要创造性突破思维的阶
段。'冲突图'就是解决这一步的思维流程工具。"

A："噢，是前两天你用过的那张图吗？"

B："对。我们一起重新回顾一遍这张图（重新翻开图 2）。

**057**

这个树的左侧其实是核心问题的对立面，从这里出发一个一个寻找不能解决核心问题的原因，就会发现存在根本性的矛盾和对立，此时可以导入消解该对立的解决方案。"

A："怎么导入呢？"

B："你可以试着将表示图中因果关系箭头背后的假定条件用声音读出来，然后针对每一个条件，思考'该条件是否在任何时候都绝对成立'。因此，在分析的最后，直觉和灵感是必需的。但是，当你把这张图拿给一个具有直觉和灵感的人看时，他可能会迸发出一些想法。归根结底，思维流程是一种保证让有直觉和灵感的人正确解决问题的工具。"

A："嗯，想从成百上千个问题中对正确的问题采取措施真的很重要。那么，下一步是什么？"

B："接下来我想简单讲一讲。首先，通过导入消除冲突的方案，核心问题就能得到解决。然后，就要对之前的现状

◎ **图2**（同上）

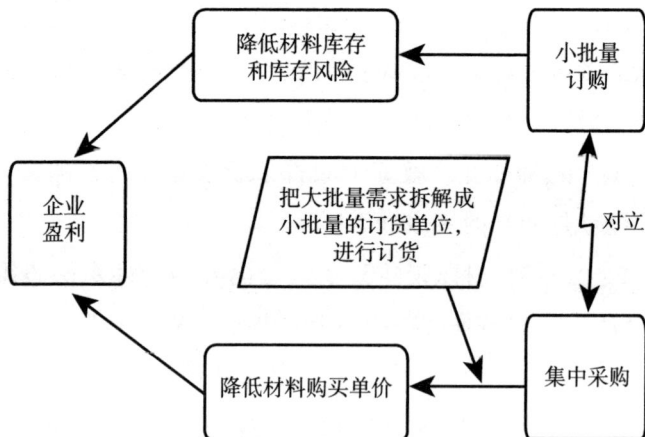

058

问题树进行修正。核心问题解决后，之前表示问题点的方框基本都消失了。这就是'未来问题结构树'，即理想状态。"

A："好像听懂了。那么，下一步是实施该解决方案吗？"

B："不，这样还不够充分。的确，通过导入解决方案，根本性的对立解决了，但具体实施时还会面临各种问题。"

A："这一点我也知道。问题越根深蒂固，就需要越大的改变，一旦涉及实际问题，往往出现总体赞成，面对具体问题时又提出反对的进退维谷的局面。"

B："对，要实现总体赞成，是思维流程的前半部分，解决对具体问题提出反对的局面则是后半部分的步骤。如果试着模拟未来问题结构树中提出的解决方案，这时再运用新的想法，是能解决很多现实中的问题，但同时也会发生原来没有发生过的问题，这时可以让更多人参与进来，不断地找出问题。"

A："是不断地提出新方案不成立的理由吗？"

B："对。世界上有两种人：一种拥有天生的直觉和灵感，他们会想出一些常人想不到的新奇点子。另一种是爱钻牛角尖，怎么也不开窍的人。在思维流程中，'冲突图'的阶段可以发挥灵感派的优势，而在'未来问题结构树'阶段则需要理论派提出问题。这个新产生的问题部分被称为'负效应枝条'。负效应枝条必须消除，也就是大家一起思考怎样规避新问题的产生。该阶段产生的问题不是基本矛盾，所以不难解决。如果不解决这些问题，那些难得的好想法就会在实施时遭遇失败。这就取决于是否能真正突破，并提出可行性方案的诀窍了。"

A："原来如此，灵感派和说理派之间的确总是意见不合。通过使用这种工具，两方就能互通合作了，这个方法真不错!"

B："所以，只要完成未来问题结构树，包括消除负效应枝条，'这个想法就会得到完美的结果，而且还考虑了次生问题的解决对策'。可以说我有这个自信，也能说服所有人。"

A："原来是这样! 而且，对具体问题提出反对的人，由于自己的意见都体现在了未来问题结构树中，所以也不好再表示反对意见。"

B："没错。下一个阶段被称为'前提条件树'。从这个阶段开始就进入'怎样改变'，即考虑 how to 的阶段。前提条件树是在制订行动计划之前，先把得出的解决方案分成几个中间目标，即实施过程中可能遇到的具体障碍。然后进入最后的'转变树'阶段，该阶段是将前提条件树中产生的问题消除方案，按实施顺序依次排列，可以说是用于制订实现执行方案的。思维流程就是按照上述过程，从分析现状入手，到制订具体行动计划的系统性手法。"

A："我还有点不太明白，这个方法看起来不错，但是，在实际运用中真的有效吗?"

B："很多美国本土企业使用了这个手法以后都取得了不错的效果，比如通用公司，最近为了强化凯迪拉克的市场竞争力，曾大规模运用这个思维流程（注 2）。因为凯迪拉克与日系、德系高端轿车之间的市场竞争非常激烈。"

A："结果怎样?"

B："第一个解决方案：与外国高端轿车相比，由于凯迪拉克在美国本土生产，所以可面向客户提供远比外国车型更丰富的定制车，这一点对用户极具吸引力，但是，在美国，无论哪个汽车制造商，都是采用由经销商向工厂下订单，把成品车在经销商店面展示的方式。这么做，造成了店面只能展出有限的车型种类，而销售人员在向顾客推销时，比起顾客真正想要的车型颜色和定制内容，销售人员更倾向于向顾客推销在店里有库存的汽车。如果顾客出现不满要离开店里，就用降价的方式让顾客买单。"

A："哦？日本的话，如果是店面没有的车型，在接到顾客订单后，1~2 周就能交车。"

B："美国没有类似于日本的车库管理，顾客在办理车贷的两天左右，就能把车开走了。所以，经销商要在店面展出成品车型。对此，通用公司对过去客户购车时的定制信息进行分析，发现大概 200 种定制组合就能满足整体 80% 的需求了。于是，便将这 200 种车型，在每个地区的物流中心均存放几辆成品车。这么一来，前来购买凯迪拉克的顾客中，80% 的人只需两天，就能买到心仪的定制车。"

A："那么，剩下 20% 的顾客怎么办？"

B："问题就在这里，剩下 20% 的顾客想选择的定制组合多达上百种，无法用库存应对，所以按订单生产。但是，经过调查发现，特别订单的成品车，面向顾客的交货期竟然长达几个月。"

A："太久了！再有耐性的人也无法忍受等待那么长

时间。"

B："于是，他们继续调查其中的原因，虽然生产一辆定制车实际上只需几天时间，但问题在于大部分时间都消耗在了整车从工厂发往经销商的过程中。对此，通用公司使用思维流程工具对原因进行分析，结论是物流部门的人以降低物流成本的幅度作为业绩进行评价，所有出厂的整车被一次又一次排入火车或卡车运输的等待队列中。当搞清问题出在物流环节后，人们开始思考怎样将物流成本的上升控制在最小值，并寻找以合适的间隔进行发货的方法。结果，通用公司的凯迪拉克定制生产项目也成功地实现了两周交货的整体结构重组。"

A："那么，实际效果怎么样呢？"

B："这个我也不清楚。但是，据说通用在凯迪拉克车系上采用这种方法之后不久，就发布说适合于在所有车型中做进一步的推广，看来实际的效果应该不错。总之，思维流程这一手法，从大规模的改革到小规模的问题解决，在各种领域中被运用。"

A："有道理，有机会的话，能把使用方法教给我们吗？"

B："没问题！"

这则短小的生产现场改善故事到这里就暂告一段落了。之后，第二集、第三集的故事还会继续，等以后有机会再与大家细说。总之，故事情节发展到这里，您是否理解了 TOC 这一方法的基本思路呢？从下一章开始，包括 TOC 的周边理论在内，本书将做进一步的说明。

# 第 2 章

# TOC 是什么

## ——TOC 的形成历史

## ● 生产排程的问题点

TOC 的出发点是生产排程问题，这是一个长年困扰生产系统相关人员的问题。如今对生产系统影响最大的当属 MRP（Material Requirement Planning，物料需求计划）。MRP 以根据产品结构计算出零部件需要量的材料需求计划为起点，并逐渐演变成整体生产计划的制订。但是，MRP 的生产排程是根据顾客订单和需求预测制订的基本生产计划而展开，以事先确定的生产周期固定值制订生产计划，是不考虑当前生产工序实际负荷的"产能无限累加"。

此后，很多 MRP 在原先的基础上增加了负荷计划的功能，然而只不过是告知大家生产负荷超载，要想实现负荷均衡分配，制订可行性的生产计划，还是需要人来进行操作。

但是，要手动将负荷均衡地安排下去，同时还要编排生产日程，如果对复杂的生产线进行这样的操作，难度非常大，必须依靠诀窍和经验。

为了解决上述问题，从20世纪70年代起，对"有限负荷累加"生产排程手法的研究开始活跃起来，还开发了很多生产排程软件，但没有一个系统因为取得了巨大效果而被广泛使用。结果，导入了 MRP 的大部分企业里，生产排程主要由熟悉生产的生产管理负责人或制造部门的管理人员依靠个人经验和窍门进行。在这种背景下，TOC 的起点——OPT（Optimized Production Technology，最优生产技术）——一种新的生产排程系统应运而生。

## ● 高德拉特博士和 OPT（注3）

20世纪70年代后半期，在以色列大学从事物理学研究的艾利·高德拉特与一位经营一家工厂的朋友见面，朋友向他请教有关工厂生产排程方面的问题，于是，高德拉特运用自己在物理学研究中获得的思路和知识，尝试着解决朋友工厂所面临的生产排程问题，结果出人意料得好。从此，高德拉特开始正式研究与生产排程相关的问题，并融入了与生产活动相关的尖锐视角，创立了一种具有划时代意义的新生产排程法。

高德拉特为这种生产排程软件起名叫"OPT"，还在美国成立了一家销售 OPT 的风险投资公司，名为 Creative Output，并亲自担任这家公司的董事长。尽管一套 OPT 软件的售价高达 40 万美元，但引进了这套系统的工厂生产效率大幅提升，生产周期明显缩短，成效之大很快引起了巨大的轰动。但是，高德拉特博士一直没有公开 OPT 软件的具体机制，软件开发的工作全部在以色列进行。MRP 推出时，其算法全部被公开，而 OPT 的方式却完全不同。因此，生产管理领域的专家们以 OPT 的工作原理不明为由，企图对这个软件采取无视的态度。但现实是引进 OPT 软件的大型企业经营效益显著改善，使得这些人无法回避这个问题，Creative Output 公司的业绩直线上升，高德拉特博士的名字开始广为人知。

然而，博士对 OPT 推广的速度并不满意。无论什么企业，只要引入 OPT，都能取得很好的效果，但是大家并不能完全理解其中的精髓。于是，高德拉特博士产生了一个想法，就是撰写一本小说，用通俗易懂的方式来解释 OPT 的基本工作原理。这个想法起初几乎遭到所有人的反对。不管 Creative Output 公司的员工、参与执笔的小说家，还是出版社，所有人都劝说博士放弃出版的念头，他们质疑这样一本与工厂相关的小说是否真的能卖出去。但是，顶着周围强烈的反对声，高德拉特博士不顾周围反对的声音，与小说家一起，写下了这本叫《目标》的小说（注 4）。

《目标》的主人公是一个叫罗哥（Alex Rogo）的机械设备厂厂长。有一天，上司告诉他，如果不能在三个月内将工厂的生产效率大幅提升，就关掉他的工厂。此时，一个意外的机会，陷入困境的罗哥在机场候机室碰到了大学时代的物理学教授。聊天时，教授一点一点把与改善企业的要点告诉了罗哥。结合教授的意见，经过多次失败，罗哥慢慢地提升了工厂的产出，减少了库存，显著改善了面向客户的交期遵守率。

## ● 当《目标》成为畅销书

与人们之前的预测完全相反，《目标》一书一经问世，立刻荣登畅销书榜首。原因是这本书大胆借用小说的通俗笔法，以简单易懂的方式阐述了 OPT 背后的重要工作原理。该原理是高德拉特博士对企业生产活动有独到见解的体现，结果，这本书在全球销量高达 250 多万册，直到现在依然人气不减，成为一本获得空前好评的生产管理读本。

当然，《目标》顺理成章地成为 Creative Output 公司又一个重要的推销工具，之前对这本小说不看好的员工们开始带着这本书奔走于客户之间。但是，发生了一件让高德拉特博士感到意外的事情。

## ● 从软件到"思维模式"

《目标》出版后不久，信件如雪片般飞来。很多读者在信上说：《目标》中描写的故事和自己的工厂完全一样，有人甚至怀疑这本书是以自己的工厂为蓝本写的。有的读者还在信上告诉博士：看到这本书后，用书中描述的方法对企业进行改善，结果真的让企业脱胎换骨，效果惊人。

博士认为，不引进 OPT 软件，是不可能有效果的，于是带着疑问前往这些工厂，他发现确实如信中所说取得了巨大的成功。即使是 OPT 的用户企业，恐怕大多数也达不到这个效果，这个事实深深地触动了他，与花费 40 万美元引进昂贵的 OPT 软件相比，只要买下一本价值 20 美元的小说，按书中的内容实施，就能见到成效。博士起初怎么也不肯相信，不久，他终于发现了其中的奥秘。

实际上，OPT 幕后的工作原理，与传统的经营管理理论之间存在对立面，所以引进 OPT 时，如果经营者不能充分理解 OPT 背后的算法逻辑，也不改变既有评价体系和成本管理制度，就会退回到原点。但是，在大多数引进 OPT 的企业中，人们把所有资源都集中在软件的导入上，而企业高层和管理者的思维方式却被忽视了。很多引进 OPT 的企业最初按照 OPT 制订生产计划，确实有了飞跃性的改善。但是，因为用户不了解 OPT 的工作原理，不久，就开始自作主张地对 OPT 进行"改良"，这导致软件实施的效果倒退。

注意到这件事情后，高德拉特博士受到了巨大的打击，这令他左右为难。因为他写的小说却证明了他开发的软件没有价值。从 Creative │ Output 公司董事长的立场来说，OPT 软件必须继续销售，但是他的良心又不允许他这么做。

终于，高德拉特博士彻底丧失了继续销售 OPT 的自信，他主动辞去 Creative │ Output 公司董事长一职，以他父亲的名字命名，新创办了一家名为"AvrahamY. Goldratt Institute（简称 AGI）"的公司。这家公司的目的是进一步发展 OPT 背后与生产相关的新的模式，并致力于在世界范围内宣传推广。

高德拉特博士将 OPT 背后的思维方式命名为"TOC"（Theory of Constraints，制约理论）。这是因为 OPT 排程法着眼于工厂的瓶颈工序，即生产的制约因素。此后，博士又将 TOC，从排程的手法发展为将改善活动集中在制约条件上的改善手法。这就是后文将讲到的生产改善五步骤。

另外，博士认为当时企业广泛采用的标准成本系统，以及在此基础上建立的生产部门评价指标会阻碍 TOC 的实际应用，因此提出了"有效产出会计"的手法。

## ● 思维流程的开发

在积极推动上述活动的过程中，高德拉特博士又发现了新问题。第一，推动 TOC 生产改善方法时，在方针方面的制约因素常常成为巨大的障碍。要改变这些方针，就意味着多部门之间将因为更加复杂的问题而产生更多的冲突，导致讨论停滞不前。

第二，即使通过 TOC 生产改善方法使生产能力产生了富余，企业销售额却没有相应增长。这种情况下，大多是让生产部门进行裁员。但是，一旦开始裁员，已经在这些部门付诸实施的改善活动将前功尽弃，连曾经推动改善的部门也沦为牺牲品，陷入最不愿看到的局面。对此，高德拉特博士深深地感觉到，在生产部门实施改善的同时，必须同时设法扩大市场。

在这个背景下，一种被称为"思维流程"（Thinking Process，TP）的手法诞生了。思维流程是一种把处于对立面的根深蒂固的复杂问题作为对象，提出非妥协性的突破方案，并实施这一方案的系统性手法。

从 20 世纪 80 年代后期，高德拉特博士从着手开发思维流程时开始，到 1994 年出版解释该理论的小说《绝不是靠运气》为止（注5），TOC 不仅是在制造业中的市场营销，方针约束等生产以外的问题中运用，还用于解决服务业和美国军队等广泛组织中存在的各种问题。

## ● 通过 APICS 推广普及

至此，TOC 通过《目标》和《绝不是靠运气》等小说开始广为人知。另外，直到 1995 年前后，更多与 TOC 相关的知识仅仅是通过高德拉特博士创办的 AGI 公司，以及各种衍生的 TOC 中心等几家专业机构、学术平台和咨询师等面向大众推广传播，而这时，生产管理和生产系统相关的普通教科书中还没有与 TOC 相关的内容。

但是，从 20 世纪 90 年代中期开始，美国生产及库存管理协会（APICS）会员中一些曾经实施过 TOC 的人，开始致力于向大众普及和推广 TOC 理论。APICS 还为此专门成立了一个叫制约因素管理（Constraints Management）的专门研究小组，从 1995 年开始，每年春天召开研讨会。至此，在 20 世纪 70 年代后半期开创的 TOC，经过 20 多年漫长的岁月，终于跻身世界著名手法之列。可以说，在这一点上，TOC 与诞生之初以很短的时间就在世界范围内得到普及的 MRP 有着巨大的差异。

# 第 3 章

# TOC 的生产改善手法

# 1　TOC 生产改善手法的基本思路（注 6）

## ● 系统的目的是什么

用一句话来概括 TOC，就是"找到妨碍实现系统目的
（目标）的制约因素，并克服制约因素的系统改善方法"。那
么，我们来思考一下系统的目标是什么。

一般来说，盈利企业系统的目的是"从现在到将来，
都能持续地盈利"。"提升生产效率""提高顾客满意度""提
升质量""扩大销售额"等都是为了实现这一目的的"必要
条件"。

根据 TOC 理论，"能够盈利"满足以下三个条件即可。

（1）增加有效产出（企业通过销售产品获得的收入金额，

即从销售额中减去材料费的结果）。

（2）减少总投资（为了制造、销售产品而投资在系统上的金钱，比如设备、库存）。

（3）减少运营费用（除材料费以外的总经费，也就是固定成本）。

TOC虽然对上述三要素都进行改善，但必须确定优先顺序。在TOC中，要实现"盈利"这一目标，（1）增加有效产出是最重要的，然后是（2）减少总投资，最后是（3）减少运营费用，这是因为增加有效产出不存在理论上的上限，相比之下，总投资和固定成本无法减少到零以下。另外，将减少总投资排在减少运营费用之前，原因是库存，特别是在制品过多，将会对生产效率、质量产生恶劣的影响，而减少在制品数量使应对顾客的灵活性增加。而削减固定成本，在美国容易被认为是裁员，哪怕只实施了一次裁员，员工们今后将不会协助改善，所以TOC不强调削减固定成本支出。

TOC就是以这样的思路，将生产排程、改善活动的目标函数，通过"增加有效产出"这一参数，与"盈利"的企业目标衔接在一起。当然，TOC理论并不否定库存削减和固定成本减少的重要性，而是将有效产出、总投资、固定成本三大要素与利润最大化的企业目标连接起来。关于这一点，已经在第一章改善故事的开头部分进行了说明。

### ● 目的的制约因素

那么，妨碍实现企业目标——"盈利"的制约因素是什么？用前面阐述的观点来说：因为增加有效产出是实现目标的第一要素，所以，只要考虑是什么妨碍了这一要素即可。阻碍有效产出最大化的原因有两点：一是"市场成为制约因素"，即工厂、材料供应商的生产能力都很充足，但市场需求低于供应能力的情况。二是"企业内部存在制约因素"，即生产能力不足的情况。

在 OPT 被开发的 20 世纪 80 年代前半期，美国制造业的状况大体与后者相似，即多为企业的生产能力不足。因此，为了增加有效产出，就需要增加企业的生产能力。如果仅是这个问题，那么只要通过设备投资等提高生产能力就可以解决，但是，如果总投资和固定成本支出增加，企业还是赚不到钱。因此，TOC 生产改善理论的一部分内容，主要针对如何将设备投资和库存控制在最小限，并增加有效产出。

相反，当市场成为制约因素时，TOC 生产改善理论就派不上用场了。1985 年以后，美国大部分产业就出现了这种情况，如前文所述，高德拉特博士目睹了一些引进 OPT 软件的企业进行裁员的悲剧，解决市场制约因素这一问题的正是 TOC 的工具——"思维流程"（TP）。

### ● 生产系统是一个完整的链条

TOC 不是一种单纯的改善工具，而是为了实现企业目标，告诉人们在一个完整的生产系统中，应该重视什么环节、怎样重视的系统改善工具。

为了将企业目标与生产改善活动连接起来，TOC 使用了一个链状结构来描述。在接到订单——→购买原材料——→生产——→交货——→提出付款要求——→收款，即资金最终回笼到企业的全过程中，各活动都相当于该链状结构上的一环。按照这种方式思考，有效产出相当于这个链条的强度，与整个链条的强度等于最弱环节的强度一样，有效产出也是受到能力最低环节的限制（参见图5）。

按这个思路思考：为了增加有效产出，只要找出整个链条中最薄弱的环节，对该环节进行加固即可。无论最弱环节以外的其他环节的强度多么坚固，对整个链条的强度影响都不大。以第一章的改善故事为例，QP 工业的钻孔工序是瓶颈，提高该工序的产能，就能强化整个链条的强度。

◎图5

有效产出的世界 = 链条的强度
局部最优的总和 ≠ 整体最佳

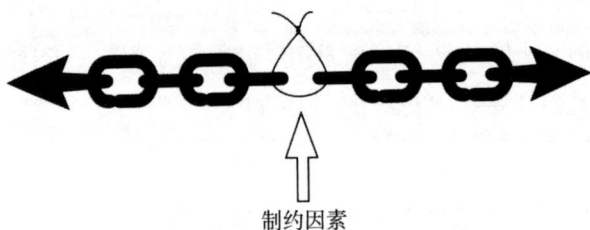

制约因素

　　而生产系统的成本相当于链条的重量，各环节都需要投入一定的成本，整体成本是各环节的成本总和。因此，无论减轻哪一个环节的重量，都会使整个链条的重量减少。同样，削减单项成本活动的总和对于削减成本整体发挥着直接作用。所以，要削减成本，就要将"局部最优"连接到"整体最优"，而要增加有效产出，"局部最优"与"整体最优"没有关联。

◎ **图6**

成本世界 = 链条的重量
局部最优的总和 ≠ 整体最优

## ● 从成本世界转变为有效产出的世界

　　由此可见，TOC 理论主张：首先，要对全员意识和企业经营体系进行改革，即从"成本世界"转变到"有效产出世界"。其次，企业经营体制中的最大障碍是成本管理体系。因此，TOC 的"有效产出会计"的观点与现存的企业会计制度截然不同。关于会计制度，之后将具体阐述，首先，让我们共同思考，在目前的成本管理体系的基础上发展起来的企业评价标准会带来什么问题。

以美国的钢铁行业为例，该行业在各部门间采用的业绩考核评价办法是"单位时间的产量"，这沿用的是一般的成本管理制度，提出各部门只要确保"单位时间的产量"最大化，就能实现企业整体产出最大化，从而使企业获取最大利润。这个逻辑从表面上看似乎没有问题，但实际上，美国的钢铁行业发生了下面的问题。

钢铁行业的生产形态是"Ｖ字型生产"，即从铁矿石等原材料投放，随着重重工序的加工，逐渐形成不同的种类。以生产过程中的轧延钢铁部门为例，假设同时有厚钢板和薄钢板两项生产计划，生产厚钢板必须争取达到"单位时间产量"，当预计"单位时间产量"无法实现时，就会对之后的生产计划中厚钢板的部分进行提前生产。另外，换产时间特别长的部门为了尽可能接近目标产量，经常提前占用需求预测，结果出现超出实际生产计划的大批量生产。

当这些小决策累加起来时，生产过程中的在制品就会增加，生产周期变长，必然导致产品的交货期延后，即使临时增加"减少库存"的评价指标，由于与"单位时间产量增加"矛盾，各个部门反而不知道应该如何在两者之间取得平衡。在这样的背景下，美国钢铁业不可避免地陷入在制品增加、产成品库存增加、交货周期延长、需求预测精度降低的恶性循环中。

对于这种因各种企业决策和经营管理制度阻碍了企业目

标——"盈利"的现象，TOC 称之为"方针上的制约因素"。对大多数企业来说，与设备的生产能力等物理性的制约因素相比，方针方面的制约因素更多，并且会对企业造成极坏的负面影响。因此，TOC 提出克服方针上的制约因素也是重要的课题之一。

## 2  TOC 生产改善手法的具体内容

### ●  生产改善的五大步骤

正如前文中提到的，TOC 生产改善方法的目的是增加有效产出、减少总投资，同时减少固定成本支出，为了实现该目的，TOC 提出以下五个改善步骤。

◎ **图7**

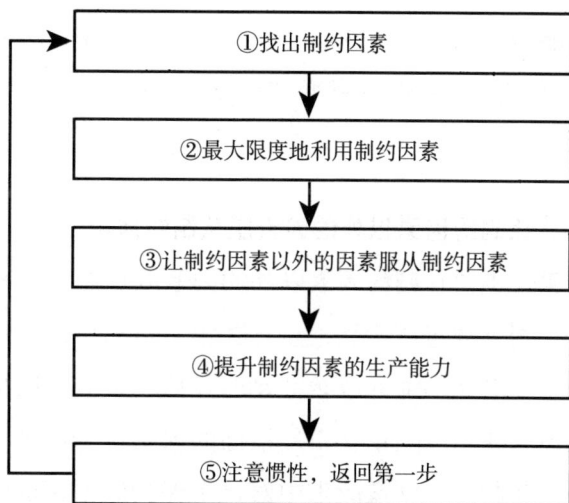

①找出制约因素

②最大限度地利用制约因素

③让制约因素以外的因素服从制约因素

④提升制约因素的生产能力

⑤注意惯性，返回第一步

### ①找出制约因素

第一步"找出制约因素"非常重要。因为制约因素是有效产出的决定性因素，也是企业目标，即扩大利润的决定性因素，这是 TOC 的基本原则，我们必须先理解这一点。在第一章的改善故事中，一开始提到 QP 工业的制约因素来自市场，通过降价接到订单后不久，钻孔工序就成为制约因素。

### ②最大限度地利用制约因素

第二步"最大限度地利用制约因素"在第一章的改善故事中，是通过挖尽钻孔工序的潜在产能而使问题得到了解决。高德拉特博士在研究有限负荷累加排程的问题时，意识到需要关注制约因素。但是，一直到后来，博士才在指导企业引进 OPT 的过程中，进一步认识到挖掘瓶颈工序潜能的重要性。很多引进 TOC 的美国企业在实施各种生产改善活动后，生产能力平均提高了 30%。总之，通过应用这种新的改善方法，目的在于企业不必增加总费用和投资，就能增加有效产出。

### ③让制约因素以外的因素服从制约因素

第三步"让制约因素以外的因素服从制约因素"的目的是将在制品数量减少到最少。在第一章改善故事中，当挖掘钻孔工序潜在产能的改善活动开始后，人们采取措施控制原料的投放速度，除钻孔工序前面的保护缓冲以外，其他工序不堆放在制品。就像故事中对这个保护缓冲区的说明：保护缓冲要设置在瓶颈工序的前工序和瓶颈工序之间，用于在生产出现波动时，确保瓶颈工序的生产。另外，让人们改变思路，放弃让瓶颈以外工序的"运转率接近100%"的想法，转变为"有产品时尽快做，没有产品原地等待"。这一步是TOC的有效产出模式与传统模式冲突的地方。也就是说，从传统成本核算的角度来说，"只要将各工序的成本控制在最小限，整体的成本就能降至最小"。所以，传统成本核算法是对各工序设置相应的产能指标，并对该指标进行监控。相反，从有效产出的角度来说，"设置各工序和部门的产能指标，反而导致库存增加，并且会对有效产出造成不良影响"。

**④提升制约因素的生产能力**

第四步"提升制约因素的生产能力"，是指一旦进行设备投资，就会花钱，即便这样也要提升瓶颈工序的能力。在这一步中，首先应充分挖掘对提高有效产出起关键作用的瓶颈工序产能。在此基础上，如果不进一步投资，就无法继续提升瓶颈工序的产能时，即便投入资金也要提升该工序的能力。所以，同样是增加有效产出，这种方法与普通方法相比，所投入的资金要少。在第一章改善故事中，有一段是两名生产技术人员登场。其中一个人的提议是改善非瓶颈工序，根据传统成本核算公式计算，所需的投资需要四个月收回。另一个人的提议也是改善瓶颈工序，但该方案提出对库里搁置不用的老旧机器进行维修后重新启用。由于老旧设备的运转率低，按传统成本核算公式计算投资无法回收。

# 083

### ⑤注意惯性，返回第一步

第五步"注意惯性，返回第一步"指的不是简单地重复这个循环，而是一边观察制约因素是否发生变化一边重复这五个步骤。因为整个系统像一根链条，当其中最薄弱的一环改进后，其他环节就会成为瓶颈，而之后市场又成为制约因素。不同的情况，所实施的改善活动也大不相同。所以，要注意出现变化以后的一系列惯性。

## 3　TOC 生产排程法

前面已经提过，TOC 是在 OPT 生产排程软件的基础上发展而来，演变成排程的手法，并发展为一种生产改善的手法。下面对 TOC 生产排程法进行说明。

### ●　士兵行进模拟（注 7）

TOC 生产排程法被称为"DBR（鼓—缓冲—绳子）"。为了用简单易懂的方式描述 TOC 排程中最重要的三要素，现以军队士兵的行进逻辑来说明。

假设有一队行进中的士兵，这队士兵相当于一个生产过程，生产过程中各工序必须遵守规定的顺序，后面的士兵不能超越前面的士兵。士兵们行进中的路线相当于加工的产品。即士兵未行进的路线是原材料的状态，第一个士兵走过的距离是第一道工序结束时的在制品，最后一个士兵走完这条路时则产成品。那么，士兵走完的距离是有效产出，队列的长度是在制品。该队列中队长的任务是在最短的时间内走完规定的距离（图8）。

◎ **图8**

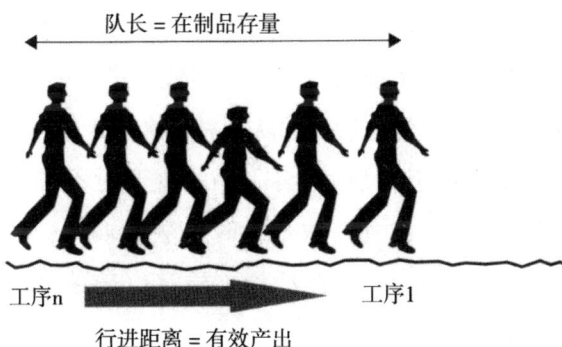

队长 = 在制品存量

工序n → 工序1

行进距离 = 有效产出

当士兵们开始列队行进时，请设想一下会发生什么情况。首先，每个士兵的体力和当天的身体状况不同，当体质最弱的士兵站在队伍中时，这名士兵和他前面的士兵之间肯定会拉开距离，这个距离会不断拉大（图9），这相当于，生产能力最低的工序是整体的瓶颈。

◎ **图9**

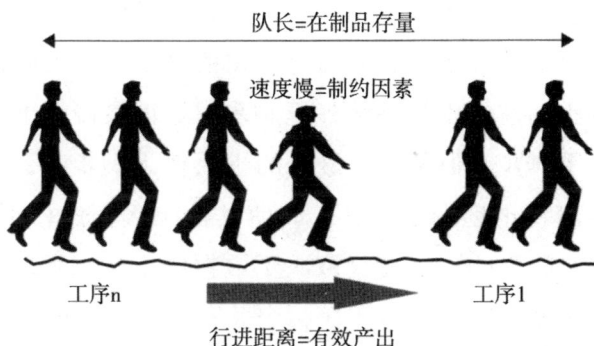

队长=在制品存量

速度慢=制约因素

工序n → 工序1

行进距离=有效产出

另外，再试着观察队列中的每一个士兵就会发现：有的士兵因道路不平放慢步伐，有的士兵因为鞋带松了，蹲下来系鞋带，类似的情况很常见，此时，这名士兵与前面的士兵之间也会拉开距离。但是，对于跟在最慢的士兵后面的士兵来说，即使与前者拉开一段距离，因为自己速度快，不必太费劲就能轻松追上前者。因此，即便行进队列中出现了波动，最慢的那个士兵，他后面的队列并不会愈走愈分散。

这等同于生产过程中各工序的生产是不稳定的，出现波动的因素很多，比如每次作业时发生的偏差、设备故障、不良品产生……而且，生产活动不稳定也是导致在制品数量增加的原因之一。

以一队行进中的士兵来形容，派一个步伐最慢的士兵走在最前面，就能控制整个队列的步伐，防止士兵们愈走愈分散。但是，在生产过程中无论改变工序的顺序，还是改变特定工序的产能，都没那么容易实现。

再回到行进列队中的士兵，假设走得最慢的士兵位于队列中间，该位置不能改变。只要在这名士兵和前面的士兵之间用一根绳子连接即可。而且，这段绳子的长度必须比队列的最小间隔长，要留有一定的余量。因为假设走在最慢的士兵前的士兵突然停下脚步，走得最慢的士兵必须跟着停下脚步。但是，当最慢的士兵停下脚步时，损失的行进距离将永远无法弥补。即使其他士兵突然停下脚步，因为整个队列的行进速度取决于最慢的士兵，所以很快就能恢复正常。因此，即使在整个队列中，最慢的士兵与走在他前面的士兵之间有一段间隔，但其他士兵之间依然跟得很紧。这种情况与生产线中，前工序的投料量必须配合瓶颈工序的生产速度，并且需要在瓶颈工序之前设置一个保护缓冲区的道理一样。

于是，"鼓—缓冲—绳子"表示以下关系。"鼓"是指最慢的士兵决定整个队列的步伐。相当于过去行军过程中，派一个鼓手走在前面，用鼓声控制全队的步伐。"绳子"是指在最慢的士兵与前面的士兵之间用一根绳子连接。"缓冲"就是为了避免最慢的士兵影响前面的士兵行进，在绳子上预留的余量（图10）。

◎ **图10**

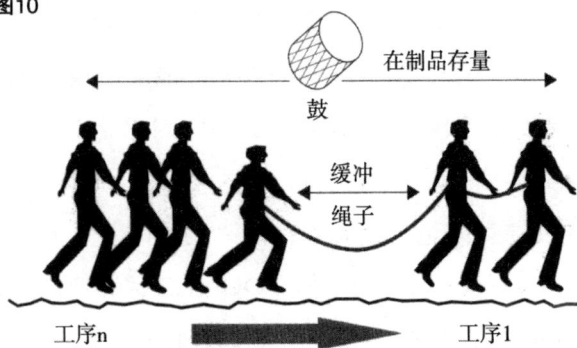

鼓　在制品存量

缓冲
绳子

工序n　　工序1

● **DBR 生产排程法（注 8）**

DBR（鼓—缓冲—绳子）生产排程法的概念如图 11 所示。鼓相当于瓶颈工序，缓冲以确保瓶颈工序的生产为目的，设置在瓶颈工序以前。绳子是为了其他工序与瓶颈工序的生产节奏同步，从而决定原材料如何在前工序上线的机制。

◎ 图11

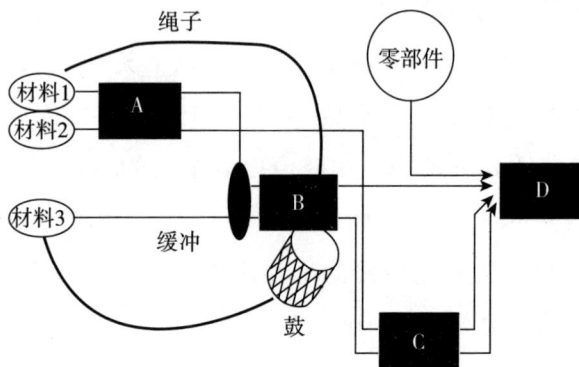

从根本上讲，DBR生产排程法其实是TOC生产改善五大步骤中的前三步，即找出制约因素、最大限度地利用制约因素、让制约因素以外的因素服从制约因素。下面对这几个步骤进行具体分析。

首先要注意的是，此前一直把"制约因素"和"瓶颈工序"作为一对同义词使用，但TOC对二者的使用是有区别的。在TOC中，瓶颈工序是指针对目前的需求，生产能力不足的工序，所有的工序都有可能成为瓶颈。相反，制约因素在TOC排程中被称为CCR（能力约束源，Capacity Constrained Resources），是指如果管理不到位，就会对工厂整体的生产计划产生不良影响的工序或设备。为了明确区别，后文在介绍排程时，把CCR作为制约因素的同义词使用。另外，如图 12 所示，以某生产工序为例可分成四类：一、图 12 中的 R1 既是 CCR，也是瓶颈工序。该工序的负荷高于生产能力，也是系统整体的制约因素。二、R3 虽然是 CCR，却不是瓶颈工序。该工序的平均负荷低于生产能力，但出于某种原因，使该工序成为制约因素。可以想到的是，或许该工序极易发生故障。一旦发生故障，会导致长时间停产。或者该工序被集中用于某种特定产品的生产，而生产现场经常接到该产品的订单。三、R2 是瓶颈工序，但不是 CCR，是指比起这个工序，还有其他的工序，存在负荷超出能力更多的问题。

◎ **图12**

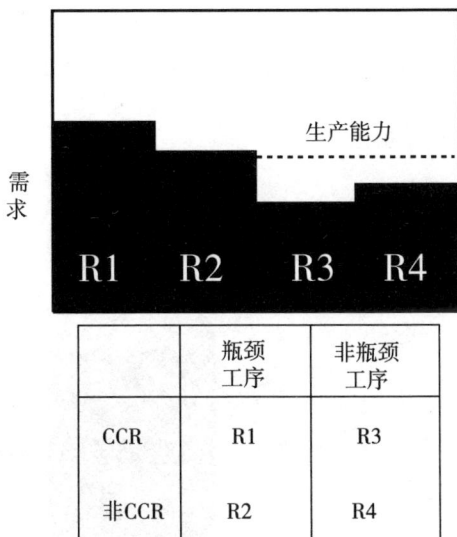

|  | 瓶颈工序 | 非瓶颈工序 |
|---|---|---|
| CCR | R1 | R3 |
| 非CCR | R2 | R4 |

## ● 根据生产波动保证有效产出

在 TOC 中，根据生产波动保证有效产出的手段是使用缓冲和保护生产能力。关于保护生产能力一直没有说明，下面就来说一说这个重要概念。

如图 13 所示，TOC 把生产能力分成三部分：生产能力就是实际生产所需要的能力。而保护能力，第一层意思是根据瓶颈工序的前工序的波动情况，为了保护瓶颈工序，在前工序应设定的能力余量。第二层意思是根据整个工序的生产波动情况，为了保证交货期的能力余量，这一保护能力还与瓶颈工序的保护缓冲以及发货缓冲的长度相关。缓冲大时，保护能力可以设置得较少，但周期会延长；缓冲较小时，如果保护能力设置得太少，就会损失有效产出。最后，所谓剩余能力，是指在保护有效产出的基础上不起作用的能力。

◎ 图13

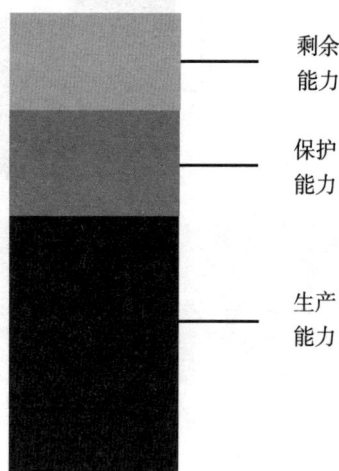

剩余
能力

保护
能力

生产
能力

由此可知，非 CCR 必须具有保护能力，制订排程时也一样，决不能制订消耗非 CCR 保护能力的计划。另外，大部分非 CCR 都可能存在剩余能力。相反，CCR 不能有剩余能力，但有时会需要保护能力。

## ● 找出 CCR

怎样找出 CCR？首先，对比各工序的能力，调查各工序的负荷到底有多少。当能力与负荷的比率超过 100% 时，这个工序就是瓶颈；该比值最高的工序是 CCR。多数情况下，根据该公式就可以找出 CCR，但实际上还有其他必须考虑的因素。

首先，现在所说的某一期间的平均负荷中，某工序在多大程度上制约了有效产出是完全不知道的。这就需要了解某一段时间内，每天的工序负荷是如何变化的，即需要做负荷的描绘。以图 14 为例，图中的 R1 和 R2 工序的平均负荷都是 80%，看起来似乎一样。但是，与 R1 相比，R2 工序每天的

◎ **图14**

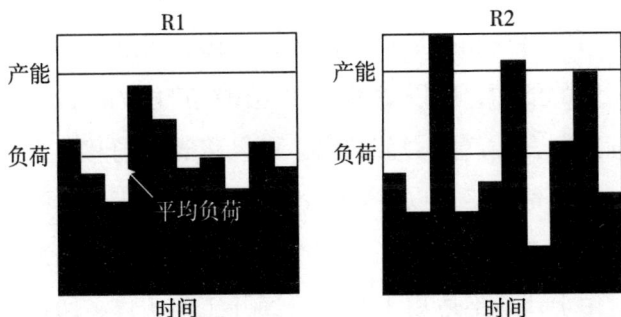

负荷波动明显更大，因此，尽管 R2 不是平均产量的制约因素，但它可能导致部分订单交期滞后。所以，R2 会对有效产出产生不良影响，更有可能成为 CCR。

总之，为了找出 CCR，需要对两个因素——（1）计划期间的平均负荷/生产能力比率高，（2）计划期间的负荷变动大——进行调查，然后做出综合的判断。

## ● 充分利用 CCR

找出 CCR 后，下一步是利用 CCR 进行排程。首先，当需求大于产能时，应确定使有效产出最大化的产品组合。此时，须计算各产品对应的 CCR 单位时间的有效产出，按从高到低的顺序排入生产计划。当然，在制订生产计划前的接受订单阶段进行这一步效果更好。

第二步，在满足顾客交期的同时，制订能最大限度利用 CCR 的生产日程。先基于 CCR 时间轴，根据交货期反推 CCR 的最晚开工时间，再根据结果依次插入各订单。各订单的时间轴长度是换产时间与作业时间的总和（参见图 15 上）。该日程可以将在制品数量控制在最小限，但这种操作模式不考虑工序的能力，所以负荷往往超出生产能力。此时，为了把负荷控制在生产能力范围内，可以将订单前移，当全部订单能按期交付时，可以终止该操作。这样一来，就能在遵守交期的条件下制订将在制品数量控制在最少量的生产计划了。但是，由于计划不适用于此前已经开工的工序，所以，如果订单的一部分已开工，就以今天为起点先延长开工日期。这样一来，就会出现交期滞后的订单（参见图 15 下）。

◎ **图15**

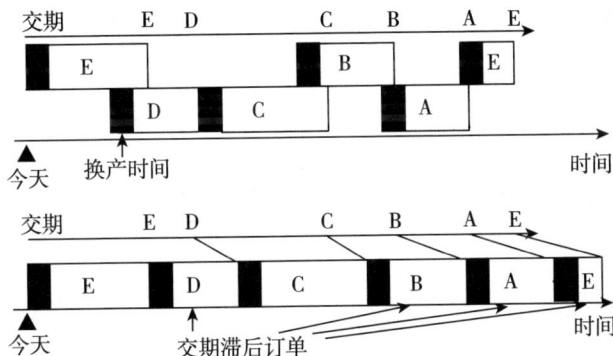

当订单出现交期延误时，可以设法减少 CCR 的消耗时间，或者增加 CCR 的生产能力，方法如下：

（1）将相同产品的订单组合在一起，缩短换产时间——由于部分订单提前生产，库存增加。

（2）根据产品顺序，换产时间可以缩短时，调整顺序——共性高的产品之间可以缩短换产时间，涂装材料的清洗时间等可通过调整前后的色彩组合等方式灵活调整（比如换成较浓的颜色时，所需的清洗时间短）。

（3）把 CCR 的部分操作分配给其他工序——把计划中规定在 CCR 工序进行的部分作业交给非 CCR 工序。

（4）通过加班增加作业时间（参见图 16）。

**093**

◎ 图16

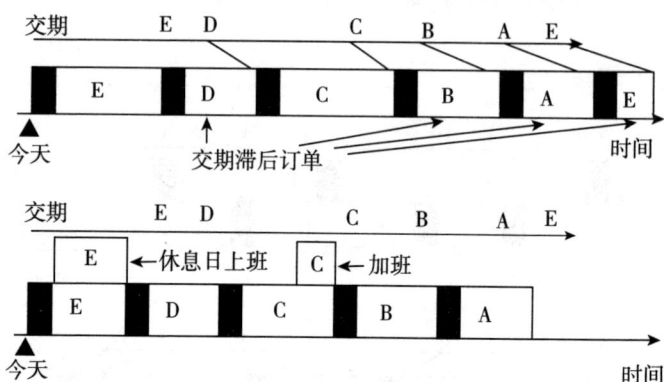

按以上四种方法充分利用 CCR，尽最大可能保证交货期。如果还是延迟交货了，应及时跟客户进行沟通。

● **设置和管理缓冲**

在 TOC 生产排程工具中，缓冲的设定和管理缓冲很重要。首先，让我们再一次梳理一下 DBR 中缓冲的作用。

如图 17 所示，图中有五道工序，所有工序的加工时间（PT）均为 8 小时。假设整个生产过程里无在制品，也不考虑搬运时间，那么生产周期（LT）应该等于加工时间的总和，即 40 小时（见图 17 上）。接着，如果在各工序之间分别堆放 4 小时的在制品，生产周期＝40 小时＋20 小时＝60 小时（见图 17 中）。

◎ **图17**

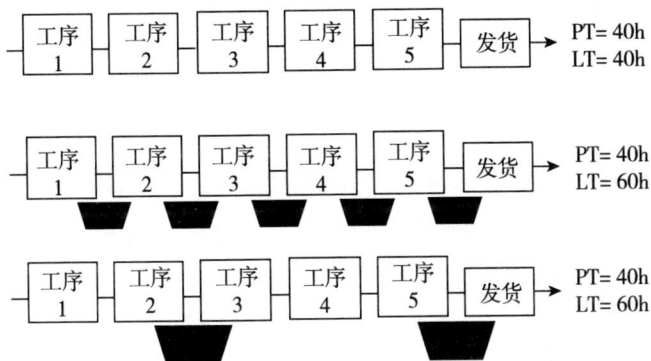

設置缓冲是在生产波动中，要保证有效产出和遵守交货期的部分。为了保证有效产出，只要在 CCR 工序前设置缓冲，并保证 CCR 的前工序有保护能力即可。另外，为了遵守交货期，只需要有发货工序前的出货缓冲和整个工序中的保护能力即可。这样一来，除了 CCR 之前和发货之前，其他工序一律不堆放在制品。而且，只要把缓冲集中在这两个地方，即便是相同的在制品数量，也比分散在所有工序的各个环节更加有效（见图 17 下）。

● **设置缓冲的长度**

那么，CCR 的保护缓冲应该设置多长呢？缓冲的目的是即使生产出现波动，也要保证 CCR 不会因为没有生产任务而停止加工，所以，缓冲量只要能保证 CCR 不停工即可。设置时先设定一段间隔的缓冲长度，然后尝试与实际运行状况进行对比。举个例子，假设缓冲设置为 4 天。按照预计，一天

**095**

后、两天后、三天后、四天后的订单应顺次进入缓冲区。但实际上由于生产存在周期波动，缓冲区里肯定有还未到达的订单。如果缓冲区始终堆放 90% 以上的计划订单，说明没必要设置当天的缓冲。参见图 18 上，由于一天和两天后的订单已全部到达缓冲区，所以，没必要设置三天和四天后的缓冲。这时，可以将缓冲减少为两天的量。相反，如图 18 下的情况，就需要将缓冲延长一天。

◎图18

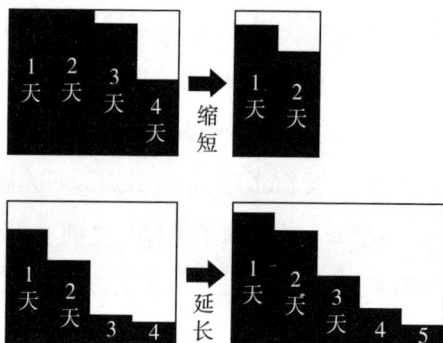

## ● 利用缓冲管理对所有工序进行健康诊断

缓冲还有一个功能，整个生产线中的在制品仅集中在 CCR 前和发货工序前的缓冲区，所以，可以通过分析这些缓冲区订单的进度，对所有工序进行健康诊断。这需要找出缓冲区的"漏洞"。所谓"漏洞"，是指应该到达缓冲区，但尚未到达的订单。调查到底是哪道工序延误而导致"漏洞"的出现，可以梳理出影响有效产出的非 CCR 工序及背后的原

因。例如，某工序的负荷虽然很低，但设备一旦发生故障就
会长时间停止工作，或某工序经常出现质量问题，等等。前
面已经提到，TOC 把精力重点放在改善 CCR 工序上，但非
CCR 工序存在的重要问题则可以通过缓冲管理来掌握。

　　这项活动的重要性在于，当通过缓冲管理成功解决非
CCR 的问题后，就能逐步缩短缓冲区的长度。也就是说，导
致缓冲出现"漏洞"的原因正是缓冲所要保护的生产波动。
所以，只要解决导致波动产生的原因，就能减少生产波动并
缩短缓冲。通过开展这样的活动，来大幅缩短生产周期。

　　缓冲还有一个重要作用：缓冲管理也能用于交货期管理。
假设计划设置三天的缓冲，三天后所有订单必须到达缓冲区。
但一般来说肯定有无法按期到达的订单。此时，可以把缓冲
分成三个相等的区，对每个区未到的订单采用不同的方式实
施管理。"蓝色信号区"排在最后，即如果是三天的缓冲则为
三天后应到的部分。因为距离到达缓冲还有三天的富余时间，
所以暂时不必对未到达订单进行管理。第二区是"黄色信号
区"，即两天后的订单。先对该区未到订单的当前位置和状态
进行确认，如有必要，须采取对应的措施。第一区是"红色
信号区"，即次日生产的未到订单，这些订单最可能导致交期
延误，所以必须立刻催促，务必使这部分订单于当日到达缓
冲区。

　　这里最重要的是，由于缓冲集中在两处，以及 CCR 以外
的工序具有保护能力，所以不必对所有工序的进度都进行管
理，只要每天这些区域的缓冲管理到位，就能做好生产管理，

这是缓冲管理最大的好处。

## ● 非 CCR 服从 CCR 排程

非 CCR 工序的运转率即使达不到 100%，也不会影响有效产出。换句话讲，非 CCR 工序的日程安排只要能够保证 CCR 工序满负荷运转即可，因此，在非 CCR 中，最重要的日程安排是投料工序。这在 DBR 中被称为"入口工序"（Gating Operation）。该入口工序的日程安排需要根据 CCR 排程，按照一定的生产周期进行倒推得出。

这个倒推的生产周期，如果是手动安排生产计划，应该以从入口工序到 CCR 缓冲保护区为止的加工时间的倍数（一般是三倍）为基准。另外，用计算机排程时，还应计算非 CCR 工序的日程安排，基于必要的均衡化，确定投料时间。

## ● 搬运批量

对该作业时间和周期倍率影响最大的是工序间的搬运批量。按传统 MRP 的观点，搬运批量与加工批量相同，但 TOC 更倾向于认为搬运批量 < 作业批量（参见图 19），因为一般来讲，改善缩短换产时间需要花费不少的时间，而搬运批量则可以在短时间内缩小。

最简单的例子是传送带式组装生产线。当组装线上的生产不是混合生产或一个流生产时，就需要按一定的批量进行生产，选择批量生产的原因是，如果更换组装的零部件等，就需要在换产过程中投入时间和劳动力。但传送带生产线上的搬运批量是一个，产品是一个接一个地在各工序之间传递的。

◎ **图19**

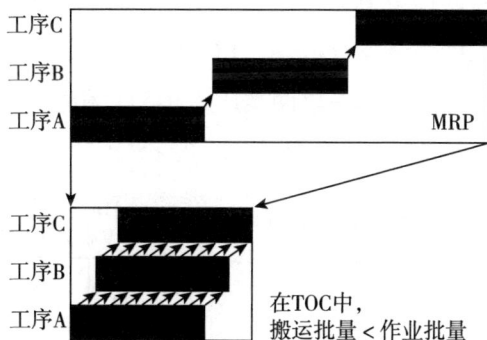

传送带生产线以外的搬运批量变小时，搬运的工作量会加大，要想减少这一工作量，可以改善工序的布局，或者将工序之间的搬运移动距离减少到最小。另外，由于非 CCR 工序的运转率较低，非 CCR 工序的作业人员可以利用空闲的时间进行搬运，或者有类似于丰田生产方式中的"水蜘蛛"，即巡回搬运的负责人，就更容易实现小批量搬运。

减少搬运的批量，即便加工批量再大，工序间的操作还是有可能出现重叠。这样一来，非 CCR 工序间的周期就能大幅缩短。

● **加工批量的观点**

TOC 和 MRP 对于加工批量的观点也存在很大的差异。

**099**

MRP 不按工序改变作业批量，TOC 则主张根据订单情况，对各个工序的作业批量进行动态调整。MRP 系统中有一个"经济订货批量（Economic Order Quantity，EOQ）方式"，以此为基础确定"最合理"的批量。这里，要提到两类成本，即换产时间而导致该工序生产能力降低的成本，以及由于增加库存而产生的库存成本，EOQ 方式则是计算到底以怎样的批量大小，才能确保这两类成本相加之和达到最小化。

◎ 图20

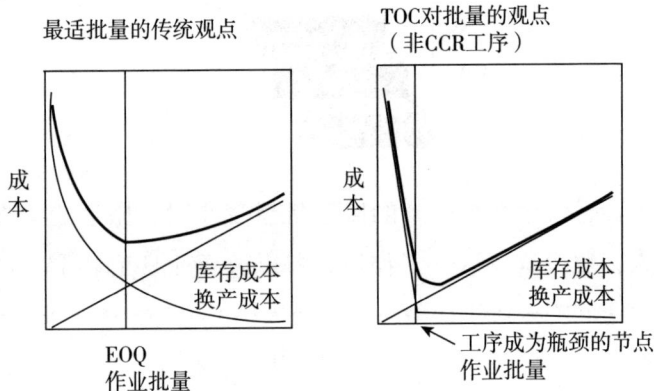

最适批量的传统观点

成本

库存成本
换产成本

EOQ
作业批量

TOC对批量的观点
（非CCR工序）

成本

库存成本
换产成本

工序成为瓶颈的节点
作业批量

但是，TOC 从始至终都把增加有效产出作为唯一的判断标准，认为有效产出不减少，成本就不会增加。这样一来，当需求超过生产能力时，CCR 工序的最优批量将超过 EOQ（因为与 EOQ 只考虑该工序成本的观点相对，TOC 主张 CCR 会造成工厂整体的有效产出损失）。但是，当需求低于生产能力时，由于在生产能力达到需求水平之前，即使增加换产次数，也不会影响有效产出，因此批量小于 EOQ。另外，即使非 CCR 工序的加工批量不断减小，在非 CCR 成为 CCR 之前都不会影响有效产出。所以，所需的换产成本将远远低于 EOQ。按照这样的思路，TOC 对批量的确定不是像 EOQ 式那样提前固化，而是强调在日程安排时，权衡负荷和生产能力，滚动地确定最优值即可。

## ● 有意识地对制约因素进行管理

到此为止，在对 TOC 生产改善和排程的阐述中，一直以制约因素是"寻找"出来的方式进行表述。但是，TOC 所指的寻找制约因素不是在工厂中到处查找，而是有计划地斟酌到底将制约因素放在哪个地方效果更好。因此，很多企业在引进 TOC 第一阶段的改善活动结束后，试图把制约因素放在最容易管理的生产工序。那么，制约因素应该放在哪个工序？这个问题不能一概而论。但是，设备投资最多的工序或距离前工序最近的工序显然更具备作为制约因素的条件。

另外，非制约因素的保护能力也是因工厂的设备能力的差异而自然形成的，但是各工序到底应达到多大的保护能力，同样需要积极的管理，这是很重要的一点。特别是越想缩短周期，保护能力的意义就越大。所以，根据各工序在生产流程中所处的位置（接近前工序还是发货工序）以及上游工序的变动大小确定恰当的保护能力，再逐一分配到各工序。通过这些举措，就可以在不损失有效产出的基础上缩短生产周期。

**101**

# 4 TOC 的生产计划软件

## ● 软件的得失

在前面讲述 TOC 的历史渊源时已经提到，TOC 是在 OPT 排程软件的基础上发展起来的。但是，开发 OPT 软件的高德拉特博士发现了一个颇为尴尬的问题：当企业引进 OPT 等以划时代的生产变革方式为基础的软件时，用户的目光似乎更集中在软件的引进上，而不是对 TOC 原理的理解上。因此，高德拉特博士决定尽量不公开该软件背后的算法逻辑，但这种做法本身并不意味着 OPT 软件没有存在的价值。

美国企业在引进 TOC 的 DBR 方法时，首先试着手动导入 DBR，等全员理解软件的原理后，再正式引进。这种方式备受推崇，而且这样一来，用户就能充分理解 TOC 的工作原理。

起初，以 TOC 为基础的软件只有 OPT 一种。1990 年，高德拉特博士在《*The Haystack Syndrome*》（干草堆综合征）一书中公开了实现 TOC 的 DBR 的软件算法逻辑。这本书的书名来自一句英语谚语——"如同在一堆干草中寻找一根针"（意思是大海捞针）。通过该书，博士针对信息系统只管输出大量庞杂的信息，真正有用的信息却少之又少的现状提出了批评。另外，除了 DBR 生产排程，他还在书中谈到了加速 MRP 的软件架构等内容。

## ● 受关注的生产计划软件

现在，通过阅读《干草堆综合征》，对 TOC 理论进行深入研究的人们开发的生产计划软件受到越来越多的关注。这些软件都是遵循 DBR 原理寻找制约因素，并以该制约因素为中心排配生产日程。同时，这些软件中都融入了 MRP 的功能，能代替传统 MRP 系统的生产计划部分。

那么，企业引进 TOC 时，不借助计算机，手动构建 DBR 排程是否合适呢？另外，是不是一开始就应该导入以 TOC 理论为基础的排程方法呢？对于这些问题，建议根据以下基准进行判断。

对于规模非常大且工序复杂的工厂，最好从一开始就引进 TOC 软件。如果在拥有多达上百个操作中心的工厂中，以人工操作的方式进行生产排程，必然耗费很多人力。这时，从一开始将导入软件作为前提，推动 TOC 活动，成功的可能性更高。引进 OPT 的很多企业都经历过"思想方法"问题，即由于思想渗透不足，改善活动的实施效果倒退。为了防止出现这样的问题，从企业高层到一线操作人员，都必须开展培训，进行意识改革。

在材料和生产能力均为制约因素的组装型产业中，必须在早期积极引进软件。因为仅是少量零部件的进货延迟，都有可能影响其他产品的日程安排，这会通过生产能力的制约因素波及整体的生产日程。在这种环境下进行生产时，引进具有高速模拟功能的 TOC 排程方法，会产生很好的效果。

**103**

## ● Throughput Technique 公司推出的 "Resonance"

Throughput Technique 公司是由一个曾经在施乐公司（Xerox Corporation）担任生产管理，名叫 Sanjeev Gupta 的人创办的。Sanjeev Gupta 对 TOC 理论抱有浓厚的兴趣，他创办的这家公司销售的主要产品是以高德拉特博士《干草堆综合征》创意为基础，开发的一款叫 "Resonance" 的软件。"Resonance" 是一款可替代大部分 MRP 系统计划功能的生产计划软件。也就是说，该软件写入 MRP 系统中的标准生产计划或顾客订购信息，在考虑材料和生产能力双方面制约因素的同时，制订具有可操作性的标准生产计划，并采购原材料。当产品交货期临近时，在考虑零部件的计划进货日期预定日与负荷两方面因素的基础上，按照 TOC 的 DBR 排程法制订生产计划。这种方法不是传统 MRP 的无限负荷累加排程，因此可以排配出更现实的生产日程。

另外，这款软件还包括前面提到的充分利用制约因素和缓冲管理等支持生产改善活动的功能。"Resonance" 既可以在计算机上应用，MRP 中的零部件展开和生产排程等也可以在存储装置上执行计算。再复杂的工厂计划，也能在一分钟内得出结果。因此，无论加班还是汇总订单，通过这款软件都能轻松地在各种场合中以对话的方式模拟生产计划。

## ● i2 科技公司推出的 "RHYTHM"

i2 科技公司推出的 "RHYTHM" 软件也是一种根据

TOC 原理发展起来的计划软件。这款软件是一个在 T1 人工
智能研究所工作过的研究者桑吉夫·瑟都（Sanjiv Sidhu）开
发的。桑吉夫·瑟都在工作过程中发现 TOC 原理和人工智能
方法可以用于生产计划，于是辞去 T1 研究所的工作，独立创
办了这家销售自主研发产品的公司。"RHYTHM"从上市开
始就颇受关注，从钢铁业到电子行业，在大范围得到普及应
用。与"Resonance"一样，"RHYTHM"能够替代 MRP 系
统的全部功能，而且能同时考虑到材料和生产能力的制约因
素。另外，"RHYTHM"在存储装置上就能执行计算，其模
拟运算速度非常快。

"RHYTHM"的特点之一是能够进行各种模拟运算。例
如，MRP 的材料调配，与数量无关，而是取决于调配周期这
一简单的模式，在"RHYTHM"中就能将"周期为一周以上
时调配 500，两周以上时调配 1000……"等条件融入到调配模
式中去。

另外，"RHYTHM"还有一个特点：除了工厂内部，还
能在综合考虑供应链整体制约因素的基础上，针对客户的订
单制订最合理的计划。例如，一家半导体厂家接到客户的订
单后，利用 RHYTHM 软件能对客户订购的产品在哪个工厂，
状态如何，存量多少，各工厂的生产能力是多少，物流成本
和周期是多少等制约因素进行综合分析，并在此基础上决定
最恰当的供应方法。这些软件适用于复杂的生产工序和持有
供应链的企业。

# 5 TOC 生产改善手法在美国企业的应用案例

下面，我们来看一下美国企业实施 TOC 生产改善手法的几个典型案例。

## ● 伯利恒钢铁公司 （注9）

1993 年，美国第二大钢铁公司伯利恒钢铁公司旗下的 Sparrowhead 制铁所，面临着严峻的经营问题，产品的交货期遵守率为 60%~70%，生产周期为 2~4 个月，投资利润率仅有 4%。如果再不改善，工厂就会被迫关停，企业高层带着这种危机感，先后走访了几家引进 TOC 的企业，又聘请高德拉特博士为咨询顾问，开始对员工展开大规模培训。

第一步，进行意识形态改革，让全体员工的认识从传统单位产量聚焦到有效产出。第二步，找出制约因素，发现铸造工序是制约因素。几乎所有产品都要经过铸造，因此，不同的产品，该工序单位时间的有效产出在 45000~10500 美元，其中的差异可高达数倍。第三步，改变库存的持有方式，在需要的地方只保留确保有效产出的在制品。结果，该公司的生产周期从七周迅速缩短至一周，投资利润率提高到了 24%，交货期遵守率达到了 90%，通过利用从改善活动中创造出来的剩余产能，这家公司还成功地实现了产品出口。

## ● 福特汽车电子器件业务部（注 10）

生产福特公司电子件的电子器件业务部（Electronics）的某个工厂，员工们曾尝试通过各种方法来缩短周期，但平均制造周期最多只能从 17 天缩短至 10.6 天。他们到日本汽车的生产厂家，学习了 JIT（准时化生产方式）后，周期缩短至 8.5 天。但是，该厂引进 TOC 后，制造周期居然奇迹般地缩短至 2.2 天，日本汽车生产厂家甚至专程派人来调查。现在，这家工厂的周期已经进一步缩短到了 16 小时以内。与此同时，客户满意度提升了 75%，制订生产计划从原先的 15 天减少到只需 1 天就能完成。

## ● 哈利斯公司（注 11）

哈利斯公司（Harris Corporation）是一家面向航空宇宙和军需产业的半导体制造商。这家公司面临的问题是需求增长、变动大、交货期滞后、库存过剩、变动瓶颈等。于是，该公司要求全体员工阅读《目标》一书，并组织全体员工参加长达三小时的说明会，在这些措施的激发下，全体员工团结一致，首先发动集体力量寻找工厂瓶颈。接下来，瓶颈工序的作业人员绞尽脑汁，想方设法地挖掘本工序的潜在产能。员工们试着用最少的投入制作出工装夹具，提升生产能力。此外，为减少不必要的在制品，所有生产的上料，均按照瓶颈环节的生产节奏。

最大的难题是减少既定的批量大小。之前，该厂的生产批量是以一个载体存放的 24 个晶片为一组，生产现场一直遵循一组 24 个的原则，而且这些容器要积累了好几个以后才送入下一道工序。员工们对此进行改进，重新设计了一种一次只能储存几个晶片的容器，逐个送入下一道工序。这样一来，即使不减少工序间的生产批量，在连续的工序之间，批量可以重叠处理，成功地减少了在制品库存。

结果，虽然公司的总运营费用多少有所增加，瓶颈工序也做了少量投入，但库存减少了 40%，晶片的产量增长了 20%，周期减少了 1/2。随着周期的缩短，对存在污染隐患的晶片成品率起到了很好的效果。通过上述措施，产品不良率下降了 10%。综合以上效果，半导体晶片的实际产出增加了 35%，交货期遵守率提高到了 98%，企业销售额增长势头良好。这家半导体工厂从一个长期亏损的部门，摇身一变成为哈利斯公司利润率最高的工厂。

第 **4** 章

# TOC 的有效产出会计

## ● 传统成本核算制度的问题点

现在，大多数企业采用的成本核算制度存在一个本质问题：固定成本的分配方法。也就是说，传统成本核算制度通过某种方法，将直接和间接人工成本、设备折旧费等固定成本分摊到每件产品中。最常用的分摊方法是按直接作业时间的比例进行计算，另外，还有一种被称为"机器负荷"（Machine Loading）的方法，将固定成本按比例分摊到每台机器的作业时间中。不管如何计算，"采用某种方法将固定成本分配到个别产品，在此基础上计算单位成本"这种方法，在现有成本核算制度中是最耗时耗力的一种。

这种方法在成本核算制度创立的那个年代是符合时代需求的。当时，生产成本的大部分构成是直接人工成本，与当天产出量挂钩的按件计酬制度十分常见。在这种客观环境下，大部分成本属于变动成本，变动成本的大部分属于材料和人工费用。所以，采用成本核算制度，将少量间接成本按比例分摊到直接人工成本中问题不大。

但是，现在情况发生了明显变化。大部分需由人工完成的工作已经被机器取代，而且使用复杂的生产系统需要更多的间接人员。所以，现在直接人工成本一般只占不到生产成本的10%。而成本核算制度依然沿用以前按比例分摊间接成本的方法，单位作业时间对应的直接人工成本与分摊的间接成本相加，得出来的和被称为"负荷率"（loading rate）。实际上，这种制度引发了很多问题。

例如，现实中常常会发生这样的事情。某种零部件的单位成本价与委外加工时的购买单价相比，购买价格更便宜，所以，企业通常放弃自制加工，直接委外生产。可是结果怎样呢？由于固定成本完全不变，该固定成本只能分摊到剩余的自制零部件上。这样一来，自主加工零部件价格必然更高。当委外加工件进一步增加时，所剩无几的自制零部件不得不承担更大的负担。

另一方面，随着自动化设备投资增加，又出现了一个新问题。当企业购置新的自动化设备时，这种设备的购买价格很高，因此需要优先考虑进行附加值高的作业。于是，之前的直接作业时间负荷转换为设备负荷，需要按每台机器设置与成本折旧相对应的负荷量。这样一来，与其他设备相比，高价购置的新设备的负荷会大幅提高。于是，想方设法降低成本的工程师们就会努力避免使用这台高昂的设备。结果，这种设备的使用范围仅限一些可承担高负载的复杂型加工作业。导致企业花高价购置的新型尖端设备运转效率低下，难以派上用场。相反，如果这台机器的负荷设置过低，连本来在普通机器上就能完成的简单加工也被分派到这台机器上，又会使该设备超载运转。如果处理不当，可能误以为新设备的生产能力不足，索性再购置一台。

### ● "不存在单位成本问题"的设想

如上所述，为了解决传统成本核算制度中存在的问题，人们推出一种"ABC 成本法"（Activity-Based Costing）。这种方法不是把间接成本按比例分摊到直接作业时间等单一参数中，而是将各间接活动产生的间接耗用成本按比例分配到成本决定要因（成本动因）上的成本计算方法。

相反，TOC 认为：无论传统成本核算制度还是 ABC 成本法，二者以单位成本为基本对象的计算方法都有问题，因此这两种方法都不正确。TOC 确认的对象只有"分摊到每件产品上的材料费等变动成本，而将固定成本按比例分摊到每件产品上没有意义。所以，TOC 提出即使存在企业整体利润和成本，也无法计算单位产品成本和利润"。

但这样一来，每件产品的价值怎样确定？最佳产品组合能否确定？TOC 给出的答案如下。首先，一个企业的最终目标是现在和将来都能持续盈利。所以，无论短期利润还是长期利润，使利润最大化就是企业进行所有活动的目的。因此，所制定的决策只要能使企业利润最大化，就没必要专门计算单位成本。

接下来，需要考虑的是产品组合问题。传统成本核算法是按每件产品计算单位成本和单位利润，然后计算令单位利润合计最大化的产品结构。而 TOC 有效产出会计计算的是每件产品的有效产出。有效产出是指从销售收入中减去材料费得出的结果，这在会计用语中被称为"利润贡献"，是指每多卖出一个产品，其有效产出——利润贡献增加的部分，就是总收益增加的部分。所以，企业利润等于利润贡献的总额减去全部固定成本。显然，只要有效产出的总额最大化，就能实现企业整体利润最大化。而且，使有效产出总额最大化的手段是 TOC 生产改善手法和排程法。

## ● 把增加有效产出视为重点的 TOC

实现企业目标——利润最大化的方法有三个。第一，增加有效产出（销售收入减去材料成本）。第二，减少总投资，即降低库存和设备等投资。第三，削减固定成本。TOC 指出：这三点中，增加有效产出最有效；其次是减少总投资，特别是减少库存；削减固定成本的效果最弱。因为从理论上来说，增加有效产出有无限的可能，而总投资和固定成本不可能减少到零以下。另外，降低库存比削减固定成本更重要的理由在于库存，尤其是在制品库存会对生产能力和产品质量产生不良影响。

因此，如第三章所述，TOC 生产改善方法在争取有效产出最大化的同时，在相应范围内尽可能将在制品降到最低。因此，当市场不是制约因素，即需求超过生产能力时，TOC 排程法可以在最大限度利用制约因素的同时，以较少的在制品开展生产活动。而 TOC 生产改善方法所做的是，引导企业开展改善活动，去挖掘制约因素中那些"隐藏的生产能力"。

● **如何确定产品组合（注 12）**

那么，当生产能力超过需求时，怎样确定使企业利润最大化的产品结构呢？

假设一家工厂有且只有两种产品，分别是产品 P 和 Q。P 的售价是 9000 日元/个，每周需要 100 个。Q 的售价是 10000 日元/个，每周需要 75 个。如图 21 所示，产品 P 的材料成本是 4500 日元（材料 1），产品 Q 的材料成本是 4000 日元（材料 2）。

采用什么方法才能让利润最大化呢？计算过程参照表 1。P 和 Q 的利润贡献均为正，所以销售越多利润越大。当然，若 P 和 Q 适应市场需求，实现销售最大化时，利润就能达到最大化。即 P 每周销售 100 个，Q 每周销售 75 个。从理论上计算，最大利润是每周 301 万日元。

**115**

◎ **图21**

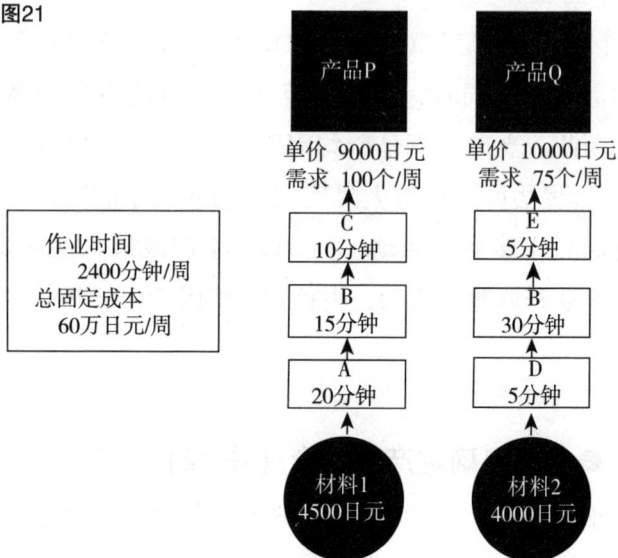

产品P
单价 9000日元
需求 100个/周

产品Q
单价 10000日元
需求 75个/周

| C 10分钟 | E 5分钟 |
| B 15分钟 | B 30分钟 |
| A 20分钟 | D 5分钟 |

作业时间
2400分钟/周
总固定成本
60万日元/周

材料1
4500日元

材料2
4000日元

---

**表1**

因为P和Q的利润贡献（有效产出）等于销售收入减去材料费。

P的利润贡献＝9000日元−4500日元＝4500日元

Q的利润贡献＝10000日元−4000元＝6000日元

P和Q的利润贡献均为正，所以，利润最大化就是需求的最大限度，即P每周卖出100个，Q每周卖出75个。

这时的总有效产出是

（4500日元×100个）＋（6000日元×75个）＝900000日元

理论上的最大利润是从该结果中减去每周的固定成本，

最大利润＝900000日元−600000日元＝300000日元/周

---

但是，问题是实际上工厂能否按照市场的最大需求量进

行生产？如图 21 所示，P 的生产工序是 A、B、C，而 Q 的生产工序是 D、B、E，从各工序的作业时间×周产量的计算结果可知：B 工序是生产过程中的瓶颈。B 工序的总负荷 ＝（P 产品的 15 分钟×100 个 ＝1500 分钟）＋（Q 产品的 30 分钟×75 个 ＝2250 分钟）＝ 3750 分钟。该结果远高于周作业时间的 2400 分钟。假设一线员工不加班，B 每周的总作业时间必须达到 2400 分钟。那么，P 和 Q，其中有一种产品的生产量必须低于需求，那到底应该选择哪一种产品呢？

标准成本制度会对上述情况做出什么判断？而 TOC 又会做出什么判断？结果请参考表 2。工厂整体的直接作业人员是每个工序配备的 1 名作业人员，共计 5 名。

按标准成本核算方法计算单位利润，得出的结果是 Q 更赚钱，所以加大 Q 的生产力度，再利用剩余产能生产 P。

但是，与标准成本核算法的判断相反，TOC 的结论是生产 P 更有利。

那么，TOC 的判断真的能为企业带来巨额利润吗？我们来看一下表 3 的计算过程。

首先，按照标准成本核算法计算，根据得出的结果加大 Q 的生产力度，再利用剩余产能生产 P 时，会亏损 105000 日元。

其次，按照 TOC 有效产出法的计算结果，利用生产 100 件 P 的剩余产能生产 Q 时，可盈利 30000 日元。

通过以上分析，相信大家已经能够看出两种方法得出的结果差异很大。

# 117

表 2

**标准成本制度**

首先计算生产成本。

每周的总作业时间 = 2400 分钟×5 人 = 12000 分钟

这家工厂的负荷是总固定成本÷总作业时间，即

600000 日元÷12000 分钟 = 50 日元/分钟

产品 P：

每一个产品经过所有工序所占的作业时间总和是 45 分钟，所以

 P 的成本价 = 4500 日元（材料费）+50 日元×45 分钟 = 6750 日元

 P 的单位收益 = 9000 日元−6750 日元 = 2250 日元

产品 Q：

 Q 的作业时间总和是 40 分钟，所以

 Q 的成本价 = 4000 日元（材料费）+50 日元×40 分钟 = 6000 日元

 Q 的单位收益 = 10000 日元−6000 日元 = 4000 日元

**结论：生产 Q 更有利**

**TOC 制约理论**

TOC 的目标是有效产出最大化。由于瓶颈工序是工厂整体有效产出最重要的因素，所以先从瓶颈工序入手。以满足 P 和 Q 的全部需求为目的计算各工序的作业时间后，发现只有 B 工序的负荷明显超过生产能力，于是将瓶颈工序的作业时间分别除以 P 和 Q 各自的有效产出。

产品 P 分摊的有效产出 =

4500 日元（P 的有效产出）÷15 分钟（P 在 B 工序的作业时间）= 300 日元/分钟

产品 Q 分摊的有效产出 =

6000 日元（Q 的有效产出）÷30 分钟（Q 在 B 工序的作业时间）= 200 日元/分钟

**结论：生产 P 更有利**

---

**表 3**

**标准成本制度的场景下**
_____

生产能力只考虑 B 工序，

加大 Q 的生产力度，结果：

Q 在 B 工序的作业时间 = 30 分钟×75 个 = 2250 分钟

P 在 B 工序的作业时间 = 2400 分钟 - 2250 分钟 = 150 分钟

在该时间内生产的 P 的件数 = 150 分钟÷15 分钟 = 10 个

据此计算的总有效产出为：

4500 日元（P 的单位有效产出）×10 个 +

6000 日元（Q 的单位有效产出）×75 个 = 495000 日元

该结果减去每周的固定成本，得出

    495000 日元 - 600000 日元 = -105000 日元（赤字）

**TOC 制约理论的场景下**
_____

用生产 100 个 P 的剩余产能生产 Q。

P 在 B 工序的作业时间 = 15 分钟×100 个 = 1500 分钟

Q 在 B 工序的作业时间 = 2400 分钟 - 1500 分钟 = 900 分钟

在该时间内生产的 Q 的件数 = 900 分钟÷30 分钟 = 30 个

据此计算的总有效产出为：

（4500 日元×100 个）+（6000 日元×30 个）= 630000 日元

该结果减去每周的固定成本，结果：

630000 日元 - 600000 日元 = 30000 日元（盈利）

---

## ● 库存只包含材料成本

    TOC 有效产出会计与传统成本核算法还有一点不同，即总投资中的库存，无论是在制品还是成品都只包含材料费。

传统成本核算法中的库存，包括消耗的直接人工成本和分摊的间接成本。而 TOC 有效产出会计中，库存只包含材料费的原因有两个：第一，间接成本中的个别产品不做分摊，所以无法计入库存；第二，在传统成本核算制度中，比如说没有需求的时候，却还是生产出产品，即便增加了库存，但由于这部分库存会吸收更多的间接成本，所以从表面上看似乎整体成本降低了。换句话讲，传统成本核算制度通过增加库存量，在短期内提高了利润水平。相反，库存降低时利润会暂时减少。这就好比在临近核算期时，为了达到预算利润，而通过增加库存来实现。

与此相对，TOC 有效产出会计对固定成本的处理是作为期间费用全部计入当期会计期，而不计入库存。但是，这种计算方法在常规财务会计惯例中是不允许的，因此有效产出会计终归只能在企业内部进行决策时使用，即作为管理会计的工具使用。这意味着引进有效产出会计的企业需要分别准备两套会计系统，一种是对外报告用的财务会计系统，一种是用于管理会计的系统。由于有效产出会计比传统成本计算简单，所以这个问题不难解决。

## ● 管理会计人员的观点

尽管高德拉特博士对传统管理会计采用的成本计算制度提出了批评，但是，管理会计人员也提出了反驳意见，他们认为有效产出会计中也包含传统管理会计的观点。在管理会

计协会发表的与有效产出相关的报告中指出：对于高德拉特
博士提出的问题，其实管理会计从业者已经充分地认识到了，
所以才有变动成本计算项目的存在。不过，迄今为止，对于
制约因素对有效产出的影响很大这一问题，管理会计从业者
仍然认识不足。

管理会计学会通过调查发现，最近数十年来，近一半的
美国企业似乎并没有按照管理会计教科书的建议去做。因此，
让管理会计专家感到欣慰的是，一些实践了 TOC 的企业，通
过有效产出会计，开始尝试性地运用某些管理会计所推荐的
方法。

**121**

第 **5** 章

# TOC 的思维流程

### ● **思维流程的概况（注 13）**

前面已经提到过，TOC 由生产改善方法和思维流程两个完全不同的要素构成。二者被统一称为"TOC 制约理论"，唯一的理由是它们都是高德拉特博士开发的方法。但是，思维流程和生产改善方法是完全不同的手法。

在前文的 TOC 发展历史中曾经提到：高德拉特博士发现一些引进生产改善方法的企业在实施改善活动的同时，没有积极开展营销活动，结果生产部门被迫裁员，并进一步导致生产改善活动被迫中断，因此，博士才深刻地认识到增加销售的必要性，这就是思维流程诞生的起因。

如果用一句话来形容，思维流程就是"引发变化，并进行执行的系统性手法"。为了实现改变，必须回答"改变什么？改变成什么？怎样改变？"这三个问题（参见图22）。在思维流程中，分几个步骤来回答这些问题，下面按顺序对这些步骤进行详细介绍。

◎ 图22

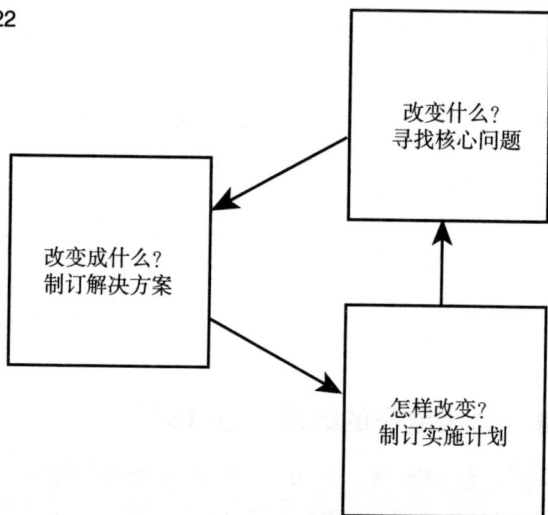

回答"改变什么"的现状问题结构树

现状问题结构树（Current Reality Tree，CRT）是明确"改变哪个部分，才能以最小的努力获得最大的结果"这个问题的方法。为制作现状问题结构树，首先要列举出现状中的各种问题，将它们统称为"不良效应"（Undesirable effects，UDE）。这个特殊的名字源于一种独特的观点：人们在生活中发现的绝大部分问题并不是根本问题，只是根本问题的结果。

"不良效应"通常很多，当所发现的问题超过十个时，可以制作成一个表格，然后检查这些问题之间是否存在因果关系，把似乎有因果关系的结果填入方框，再用箭头将二者连接起来。当将"不良效应"全部写入方框后，下一步是继续寻找原因，这是要探讨"是否存在其他更多的原因（原因未梳理完整）""只有这个原因引起了这个结果，还是与其他原因同时发生才导致这一结果的产生（原因的不充分性）"。发现还有其他原因时，将其他原因一并写入方框，再用箭头与结果连接起来。另外，当同一结果由多个原因共同造成时，在连接多个原因与结果的箭头上面增加一个椭圆。所以，这张图应由下至上读，即【如果（原因1）且（原因2），那么会导致（结果3）】。

TOC 思维流程作为一种分析说明工具，其优点是追求逻辑上的完整性。绘制好现状问题结构树后，应和其他人一起检查所列举的原因是否完整，有没有不足的地方。实际上，在运用该工具的过程中，必然有一些项目是图表制作人理所当然地认为不必要而省略掉的，而这些项目往往会引发一些意想不到的问题。

因此，思维流程工具可能包含很多复杂的分支，无论是制作还是其他人的解读，看懂它们都不容易。但是，这样完成的思维工具更能反映客观现实，而且是谁都无法否认的现实。为了解决根深蒂固的问题，虽然比较费劲，但是不经过这个步骤，就找不到实质性的解决方案。

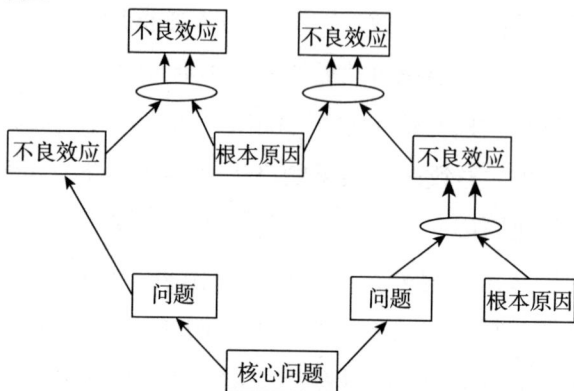

◎ **图23**

如图 23 所示，制作现状问题结构树时，先从位于最上方的"不良效应"入手，一步步向下方寻求和整理原因，直到发现其中的一或两项原因，与图中绝大多数结果之间存在因果关系。有时，少数几个根本原因可能无法通过该结构图找出。但多数情况下，少数问题是由图中的大部分原因引起的。

其次，当一张图中再找不到更多原因，即没有与之相连的方框时被称为"根本原因"。如果根本原因中的某一项导致表中80%以上问题时，这一项就是"核心问题"。核心问题通常只有一到两个。只要解决哪怕其中一个，由此产生的问题基本上都能被消除。

前面已经提到，TOC 的两个构成要素——生产改善方法和思维流程，除了都是由高德拉特博士开发的以外，没有其他共通点。但实际上，发现核心问题这一步与在生产改善手法中找到制约条件工序是有相似之处的。核心问题与生产体系中的瓶颈工序相同，只要锁定该环节，就能以最少的劳动力获得最大的效益。二者之间的差异是：生产改善方法对瓶颈的解决方法是"充分利用"，而思维流程对核心问题的解决方法是"彻底消除"。所以，发现核心问题后，思维流程采用的路径与生产改善方法不同。

### ● 注入突破方案的"冲突图"

通过现状问题结构树回答"改变什么"后，下一步需要回答"改变成什么"，即怎样改变才能解决核心问题。大部分核心问题的背后都有一对基本矛盾或对立关系存在。如果没有，说明在此之前已经有人解决。一般来说，由于这组矛盾存在，即使人们制订并实施了妥协方案，往往效果不佳。所以，若想解决核心问题，必须注入之前没有的突破性的想法，想出一个根本的解决方案，而不是妥协方案。这时需要使用的工具是"冲突图"（Conflict Resolution Diagram），该图也叫"消雾法"（Evaporating Cloud），此名称是源于将矛盾和对立状态比喻为一团云雾，而这团云雾由于突破性的解决方案而突然烟消云散。

冲突图从逆推核心问题开始。逆推核心问题，核心问题就会得到解决。接下来以此为目的注入必要条件，然后注入这些必要条件的前提条件。这样一来，就会发现尽管必要条件之间互不矛盾，但前提条件之间存在根本矛盾。接下来，逐个讨论连接必要条件和前提条件的箭头，思考"这对因果

**129**

关系是否一直成立"。在此过程中，就会找到突破方案。将该方案注入箭头后，这对因果关系就崩溃了，冲突得以消除。

◎ **图24**

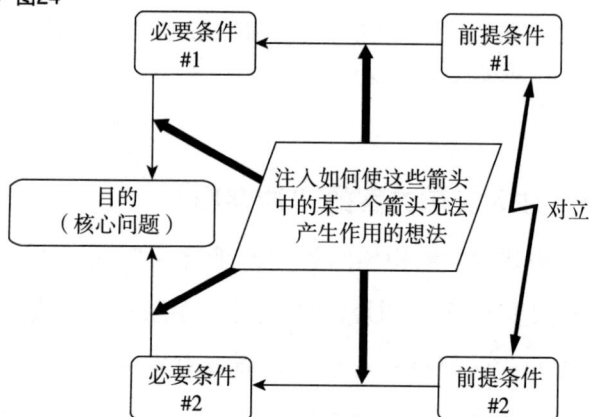

下面通过一个简单的例子来说明。人们去超市购物时，经常会被询问需要用塑料袋还是纸袋，请试着思考选择包装袋时的对立关系，首先，目的是"想把买到的物品轻松地带回家"。为此，你需要考虑两个必要条件：一是"从超市到车上这段路程中拎起来很轻松"，二是"在车里包装袋不会倾倒"。若想轻松地拎着，前提条件是一只"可以用手拎着"的塑料袋。若想"防止袋子在车里倾倒"，需要选择"稳定性好"的纸袋。从表面上看，这两个必要条件并不矛盾，但是，其前提条件不可能同时实施，所以二者实际上是矛盾的。

于是，下一步对连接前提条件和必要条件的箭头进行逐个调查，"为了防止袋子倾倒"，必须选择纸袋吗？举个例子，假设你的汽车后备厢里经常放着一只比购物袋稍大的纸箱，那么，塑料袋容易倾倒的问题就不存在了。然后，你把这个方案放入到这个箭头。结果，二者的前提条件都成了"选择塑料袋"。

◎ **图25**

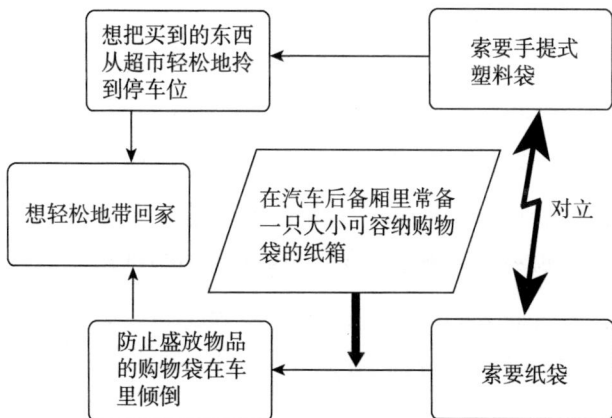

如上所述，冲突图对于核心问题产生的根本性对立采取的不是妥协，而是一种极其有效的解决方式。此外，构思解决方案的辅助手段，是针对连接各因果关系之间的箭头背后是否存在主观臆断进行彻底追究。大胆创新的构想大多属于"哥伦布的鸡蛋"，但这恰恰揭示了对于日常生活中的各种常见事物，人们可能存在自以为是的认知。所以，这一步是针对某个箭头背后是否存在这种认知进行逐个调查的有效手段。

在这个阶段活跃的往往是一些洞悉力很强的人，即有想法、有创意的人。这种人拥有的才能是帮助企业解决问题的重要力量，但只适合在思维流程最初的两个步骤中发挥作用。

**131**

接下来的步骤是将大胆的想法落实到实践中的阶段。

## ● 未来问题结构树

　　下一步，要验证实施创新方案后会带来什么样的结果。通过冲突图，人们已经找到解决核心问题的方法，接下来需要对解决核心问题以后，现状问题结构树会发生什么变化进行调查。核心问题在引发全部不良效应的原因中占 70%～80%的比例，所以核心问题解决后，这些问题应该消失。未来问题结构树（Future Reality Tree）揭示的正是这时的状态，因此未来问题结构树的结构应该与现状问题结构树的结构非常相似，二者最大的区别是核心问题解决后，更多的不良效应变成"良好效应"（参见图 26）。

◎ **图26**

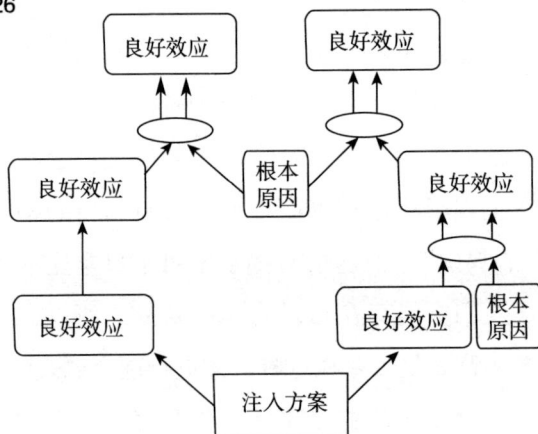

　　但是，引入消除核心问题对立面的解决方案时可能会产生从未发生过的新问题，这个新问题被称为"负效应枝条"。

这一点很重要，因为大胆的构想在产生大量正面效应的同时，往往会伴随少量负面效应。提出构思的人或者没有注意到该负面影响，或者对该负面影响视而不见。相反，非提案者会抱着挑剔的态度强调该负面效应。未来问题结构树从客观上揭示了新想法的正负两面，可以说是新想法的模拟图。

通过使用该图，能对提出的创新方案进行彻底检查，防止在未经充分探讨的基础上匆忙实施。通过对该图的应用，首先让人们认识到新创意的可行性，并了解到实施时可能发生的负面效应。这样一来，所有人就会把目光集中在实施新创意上，同时采取行动努力将负面效应控制在最小限度。

### ● 前提条件树

从这一步开始，将进入回答思维流程中"怎样改变"（How to change things）的阶段。首先需要绘制前提条件树（Prerequisite Tree，PRT），前提条件树的目的是实施构思时会遇到的障碍和克服这些障碍的中途目标。

首先，在最上方加入一个方案，这个方案可以是冲突图中提出的解决核心问题的突破点，也可以是解决从分支处延伸出来的次级问题。其次，从最终的"应有状态"出发，思考"该状态成立时会遇到什么样的障碍？避开障碍时需要什么样的中途目标"等问题。

举个例子，你的目的是"住进一栋漂亮的房子中"。首先，你需要考虑"实现该目的需要什么样的前提条件"。比如"已从建筑公司购入房屋一栋""已搬迁到新家""水电手续已完成"等中间目标。其次，你需要对各中间目标是否遇到障碍进行调查。发现障碍时，还要考虑克服这些障碍的中间目标。此时，你可以绘制一张"你打算从建筑公司购买一栋房屋，但室内装修未完，所以必须让装修公司加紧施工"的图，然后，按照消除障碍的顺序一步一步制订中间目标。

◎ 图27

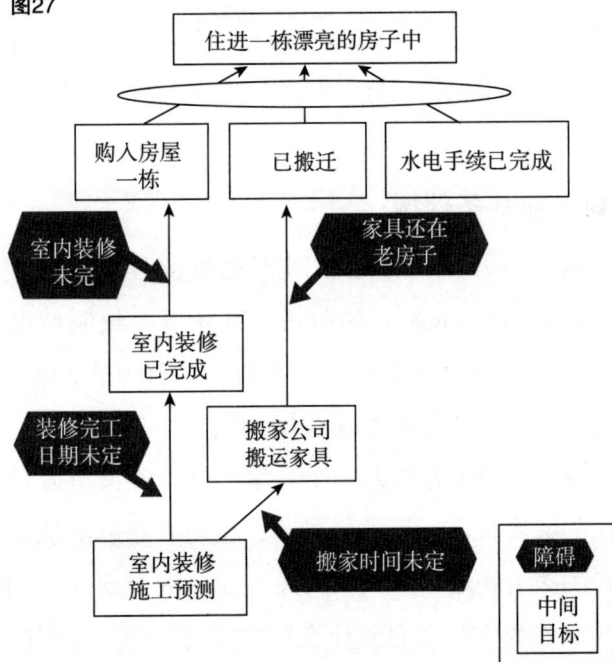

绘制过程中，除了注意前提条件树和下一个转变树之间的因果关系，还要注意实施过程中的顺序关系。之前的结构

树只表示相互间的因果关系，并不要求表示时间上的前后关系。但是，思维流程的最后两个图——前提条件树和转变树是实施具体的行动计划，所以，要求必须表示时间上的顺序关系。

◎ **图28**

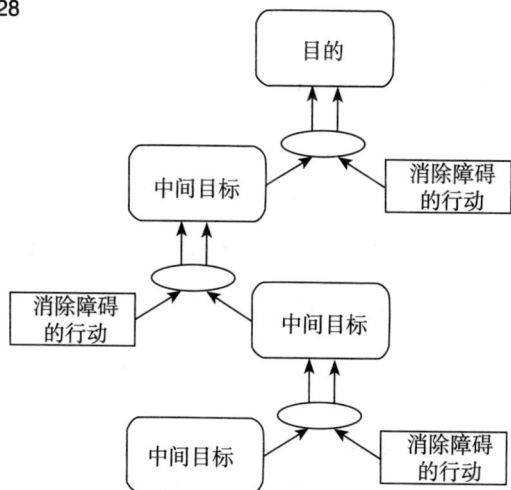

### ● 转变树

转变树（Transition Tree）是思维流程分析法的最后一个工具，相当于执行计划。该工具用于表示遵从什么顺序，怎样实施才能达成各中间目标。具体做法：先将前提条件树中展开的各中间目标集中在一起，思考采取什么行动才能实现这些中间目标。该工具是一种向全员传达为实现终极目标应该采取什么行动的沟通工具。

**135**

## ● 可以单独使用的各思维流程工具

思维流程的五个工具，是在按顺序使用的前提下开发出来的，但是，这些工具也可以用来解决人们在日常生活中碰到的各种小问题。下面就分别对日常生活中最常用的现状问题结构树、冲突图和未来问题结构树的用法进行具体说明。

### 单独使用现状问题结构树

现状问题结构树还可以单独用于说明问题的整体结构，在需要让所有人看到引发绝大多数现实问题的核心问题是什么的时候，尤其有效。根据情况，只要找出核心问题，清楚明了地让决策者理解并接受解决方案，就能很快付诸实践。

### 单独使用冲突图

冲突图是单独应用最多的工具之一，尤其在遇到一些无法调和的矛盾或冲突时，用来思考非妥协性的突破方案。值得注意的是，冲突图本身不是找出突破方案，而是通过挖尽所有的可能性，帮助人们找到解决问题的突破点。

### 单独使用未来问题结构树

未来问题结构树是当解决问题的构思浮现时，在付诸实施之前对可能引发的问题进行验证时使用的一种工具。有时，当所有问题全部找到时，不使用其他工具，也可以实施解决方案。

## ● TOC 思维流程在美国的应用案例

关于 TOC 思维流程的应用案例，有的已在专题研讨会上发表，有的已经发行出版，在本书第一章 QP 工业改善故事结尾处登场的美国通用汽车公司销售改革案例，也是其中之一，下面再介绍一个案例。

### （纺织服装行业的供应链改善）（注 14）

关于该案例的详细内容，请参考一本叫 *Tough Fabric*（John W. Covington 著）的单行本。故事的起因是一个从事 TOC 咨询顾问的作者与一家儿童服装厂厂长的相遇。相遇之后不久，儿童服装厂的厂长想在厂商和零售商中推广 TOC，于是拜访了一个大客户，即一家百货商店的董事长。席间，百货商店的董事长对这件事产生了浓厚的兴趣。当时，美国的本土服装生产企业和零售商中，刚刚开始推广一种叫 QR（Quick Response，快速反应系统）运动的供应链改善活动，但庞大的计算机系统投入，并没有改善库存和缺货等问题（**译者注：QR 是指通过零售商和生产厂家建立良好的伙伴关系，利用 EDI 等信息技术，进行销售时点以及订货补充等经营信息的交换，用多频度、小数量配送方式连续补充商品。以此来实现销售额增长、客户服务的最佳化以及库存量等目标的物流管理系统模式**）。

于是，这名作者请来高德拉特博士，组织了一批包括纺织厂、服装生产厂及零售商在内的服装行业人士，召开一场以探讨服装行业面临的问题为议题，学习 TOC 思维流程的专

**137**

题研讨会。会议过程中，与会者提出很多服装行业内部以及各企业之间方针上的制约因素。在赞成 QR 运动宗旨的同时，不少服装行业上游的生产厂商还是无法从成本范畴跳脱出来，坚持认为自己的生产效率就是一切。在这场会议中，人们还提出很多突破性的构想，比如在传统销售模式中，从生产厂家将库存——物流中心——推给零售商的"推式"销售存在不合理性，建议由物流中心持有库存，改成每天向零售商补货的供应链模式。

结果，这场会议的最大成果是位于供应链上游的很多与会企业普遍认识到：与各企业单打独斗地削减各自成本相比，在适当的时机为终端消费者提供所需的商品才是上策。于是，一些企业回去后立刻着手实施，很快就在减少库存和销售额提升方面取得了显著的效果。

# 附　TOC 信息来源

目前，与 TOC 制约理论相关的日文版资料还很少，相关的英文资料可以从网络、TOC 专题研讨会上等处搜寻查找。

## 参考文献

- *The Goal（Second Revised Edition）*, Eliyahu M. Goldralt, 1992, North River Press

《目标》，在世界上推广和普及 TOC 生产改善理论的第一本畅销企业小说。该书于 1984 年初版发行。1992 年第二版发行时补充了 30% 以上的内容，在原先的基础上增加了一些更新后的 TOC 知识点。

- *The Race*, Eliyahu M. Goldralt, Robert E. Fox, 1986, North River Press

《竞速》，一本揭示 TOC 生产改善理论，通俗易懂的写实读本。

- *It's Not Luck*，Eliyahu M. Goldralt，1994，North River Press

《绝不是靠运气》，一本致力于在世界上推广和普及 TOC 思维流程的小说。以故事为载体，讲解怎样利用 TOC 思维流程工具破解市场和个人生活中面临的各种问题。

- *The Haystack Syndrome*，Eliyahu M. Goldralt，1990，North River Press

《干草堆综合征》，一本讲述 TOC 有效产出会计理论和生产改善理论信息体系通用算法的书。这本书详细地讲述了 TOC 排程法。

- *Regaining Competitiveness*，Putting The Goal to Work，M. Srikanth and H. Cavallaro，1987，North River Press

作为《目标》副本，对 TOC 进行解析。书中沿着《目标》的故事情节依次对各章进行解读。

- *The Theory of Constraints and its Implications for Management Accounting Eric Noreen*，Debra Smith and James T. Mackey，1995，North River Press

在 IMA（管理会计协会）和普华永道（PWC）公司提供的支持下，由一批管理会计专家对实施 TOC 改善活动的企业，进行个案调研并提供分析后的结果报告书。

- *Synchronous Manufacturing Principles for World-Class Ex-*

*cellence*，Michael Umble，Mokshagundam L. Srikanth，1995，
Spectrum Publishing

一本解析 TOC 生产改善手法和排程法的读本。

● 1996，*APICS Constraints Management Symposium Proceedings Make Common Sense A Common Practice*，APICS，1996

在 1996 年 4 月于底特律召开的 APICS 的 TOC 分会 Constraints Management SIG 第二次会议预稿集。全集共收录 22 篇论文，企业和美国空军等 TOC 实例报告占了大多数。

● *Tough Fabric：The Domestic Apparel and Textile Chain Regains Market Share*，John W. Covington，Cheasapeake Consulting Inc.，1996

一个从事 TOC 咨询顾问的作者，讲述出于振兴美国纺织服装业竞争力的目的，在行业间人士的协助下，组织供应链整体的相关人员通过运用 TOC 思维流程探讨全行业改善方向的故事。

● *Goldratt's Theory of Constraints A Systems Approach to Continuous Improvement*，William Dettemer，ASQC Press，1996

第一本详细解读 TOC 思维流程的读本。与其说是入门书，不如说是思维流程指南中一本风格鲜明、内容翔实的读本。

● *Reengineering the Manufacturing System – Applying the Theory of Constraints*，Robert E. Stein，Marcel Dekker Inc.，1996

该书采用通俗易懂的方式对 TOC 排程法和信息系统的构

**141**

建方法展开具体论述，并进一步对干草堆综合征的信息系统进行具体分析，另外，还谈到了数据结构和系统开发等方法。

## 网络资源

http://www.goldratt.com/

TOC 制约理论的创始人艾利·高德拉特的主页。包括 TOC 基本原理解析、相关教材介绍、培训机构等内容。

http://www.rogo.com/cac/

一个汇总与 TOC 相关的各种信息理论，被称为"Crazy About Constraints"的网站，该网站上可搜索到各种与 TOC 相关的文献资料、会议、咨询等信息。

## 正文注解参考文献

### 第 1 章

注 1：1996，*APICS Constraints Management Symposium Proceedings Make Common Sense A Common Practice*，APICS，1996，p12

注 2：*Thinking Revolutionary：The Amazing Goldratt Blazes Path to Profit*，by Duncan Maxwell Anderson（Success Magazine，February，1995，p40-46）

### 第 2 章

注 3：*My Saga to Improve Production by E. Goldratt*（API-

CS – The Performance Advantage, July and Aug 1996, Lioheart Publishing Inc.)

注 4：*The Goal （Second Revised Edition）*, Eliyahu M. Goldratt, 1992, North River Press

注 5：*It's not Ruck*, Eliyahu M. Goldratt, 1994, North River Press

## 第 3 章

注 6：*Goldratt's Theory of Constraints：A Systems Approach to Continuous Improvement*, William Dettmer, ASQC Press, 1996

注 7：*The Race*, Eliyahu M. Goldratt, Robert E. Fox 1986, North River Press, p73−99

注 8：*Synchronous Manufacturing：Principles for World−Class Excellence*, Michael Umble, Mokshagundam L. Srikanth, 1995, Spectrum Publishing, p80−177

注 9，注 10，注 11：September 1995, Jonah Conference Notes, Dr. James Holt （Washington State University）

## 第 4 章

注 12：*The Haystack Syndrome*, Eliyahu M. Goldratt, 1990, North River Press, p64−85

## 第 5 章

注 13：*Goldratt's Theory of Constraints：A Systems Approach*

*to  Continuous  Improvement*,  William  Dettmer,  ASQC  Press,
1996

注 14: *Tough  Fabric: The  Domestic: Apparel  and  Textile
Chain  Regains  Market  Share*,  John  W.  Covington,  Chesapeake
Consulting Inc., 1996

**图书在版编目（CIP）数据**

TOC 工厂管理／（日）稻垣公夫 著；刘波 译. —北京：东方出版社，2014.11
（精益制造；26）
ISBN 978 - 7 - 5060 - 7851 - 1

Ⅰ.①T… Ⅱ.①稻… ②刘… Ⅲ.①制造工业—工业企业管理 Ⅳ.①F407.406

中国版本图书馆 CIP 数据核字（2014）第 283494 号

Beikoku Seizougyou Fukkatu no Himitsu Heiki TOC Kakumei—Seiyaku
Jouken no Riron by kimio Inagaki
Copyright © kimio Inagaki 1997
All rights reserved
Simplified Chinese translation copyright © ORIENTAL PRESS. 2014
Original Japanese edition published by JMA MANAGEMENT CENTER INC.
Simplified Chinese translation rights arranged with JMA MANAGEMENT CENTER INC.
through BEIJING HANHE CULTURE COMMUNICATION CO., LTD.

本书中文简体字版权由北京汉和文化传播有限公司代理
中文简体字版专有权属东方出版社
著作权合同登记号 图字：01-2014-2355 号

**精益制造 026：TOC 工厂管理**
（JINGYIZHIZAO 026：TOC GONGCHANG GUANLI）

作　　者：〔日〕稻垣公夫
译　　者：刘　波
责任编辑：崔雁行　高琛倩
出　　版：东方出版社
发　　行：人民东方出版传媒有限公司
地　　址：北京市西城区北三环中路 6 号
邮　　编：100120
印　　刷：北京文昌阁彩色印刷有限责任公司
版　　次：2014 年 12 月第 1 版
印　　次：2022 年 4 月第 5 次印刷
开　　本：880 毫米×1230 毫米　1/32
印　　张：5
字　　数：105 千字
书　　号：ISBN 978 - 7 - 5060 - 7851 - 1
定　　价：28.00 元
发行电话：（010）85924663　85924644　85924641